수능 기초
베트남어
한 권이면 끝!

| 정보라 지음 |

동양b∞ks

수능 기초
베트남어
한 권이면 끝!

1판 1쇄 인쇄 | 2015년 1월 20일
1판 1쇄 발행 | 2015년 1월 25일

지은이 | 정보라
발행인 | 김태웅
총　괄 | 권혁주
편　집 | 김현아
마케팅 | 서재욱, 김홍태, 정유진, 김귀찬, 왕성석
온라인 마케팅 | 김철영
제　작 | 현대순
관　리 | 김훈희, 이국희, 김승훈, 최국호

발행처 | 동양북스
등　록 | 제10-806호(1993년 4월 3일)
주　소 | 서울시 마포구 동교로 22길 12 (121-842)
전　화 | (02) 337-1737
팩　스 | (02) 334-6624

http://www.dongyangbooks.com

ISBN 979-11-5703-047-7 13730

이 도서의 국립중앙도서관 출판시도서목록(CIP)은 서지정보유통지원시스템 홈페이지(http://seoji.go.kr)와
국가자료공동목록시스템(http://www.nl.go.kr/kolisnet)에서 이용하실 수 있습니다.
(CIP제어번호: CIP2014038267)

머리말

1992년 한국과 베트남이 수교를 맺은 이후 약 20년의 시간이 흘렀습니다. 마침내, 2014 학년도 수능 시험부터 기초 베트남어라는 과목이 신설되어 제2외국어로서 수험생들이 베트남어 과목을 선택할 수 있게 된 것에 대해 아주 기쁘게 생각합니다.

현재 국제결혼을 한 베트남 여성들이 한국에 상당수 거주하고, 그 사이에서 태어난 다문화 가정의 아이들을 위해 제2외국어로서의 베트남어 과목이 수능 시험 과목에 채택되었습니다.

또한, 한국과 베트남의 관계는 날로 발전하여, 비즈니스뿐만 아니라 베트남 여행 등으로 국내에 많이 알려져 이제 더 이상 베트남이라는 나라가 생소하고 먼 나라만은 아니며, 우리의 이웃이자 사돈의 나라입니다.

이 교재는 학교에서 쓰는 교과서, EBS 교재 외에 수능 유형에 알맞게 파트별로 구성된 상황별 주요 어휘, 문법, 문장, 그리고 회화로 나누어진 수능 기초 베트남어 교재입니다. 알짜 핵심만으로 구성된 내용을 빠르게 습득하여, 난이도에 영향을 받지 않게 구성이 되어 있으니 수능 기초 베트남어의 완결판이라고 볼 수 있습니다.

쉽고, 재미있는 베트남어를 제2외국어로 선택한 수험생들에게 성공적인 결과를 안겨 줄 본 교재를 효과적으로 활용하길 바라고, 비단 수능 시험을 위한 과목에 그치는 것이 아니라, 꾸준한 베트남어 학습으로 이어지길 바라는 마음으로 모든 수험생들, 베트남어에 관심 있는 모든 분들께 이 책을 바칩니다.

끝으로, 항상 사랑으로 지원을 아끼지 않는 가족들, 늘 응원해 주시는 주한베트남대사관 팜 후 찌 (Phạm Hữu Chí)대사님 이하 직원들, 선후배, 친구들, 그리고 출판사 동양북스에 감사의 말을 전합니다.

저자 정보라

**Lời cổ vũ dành cho các học sinh lớp 12 Hàn Quốc
đang học môn thi tiếng Việt cơ sở để vào đại học.**
제2외국어 기초 베트남어를 선택한 수험생을 위한 대사님의 응원 메세지

Các bạn học sinh thân mến,

수험생 여러분,

Tôi là Phạm Hữu Chí, Đại sứ Việt Nam tại Hàn Quốc, xin gửi tới các bạn lời cảm ơn chân thành nhất đối với tình yêu của các bạn đã dành cho Việt Nam. Người ta nói rằng, ngôn ngữ là cầu nối tiếp cận cả nền văn hóa của nước đó, tôi tin rằng tình yêu các bạn dành cho Việt Nam sẽ lớn hơn và sâu sắc hơn thông qua việc học tiếng Việt của các bạn. Cũng chính vì lý do đó, bản thân tôi cũng đang nỗ lực học tiếng Hàn, để hiểu biết hơn về Hàn Quốc và nuôi dưỡng tình yêu của tôi dành cho Hàn Quốc.

안녕하세요, 수험생 여러분. 주한베트남대사 팜 후 찌(Phạm Hữu Chí)입니다. 베트남이라는 나라에 애정을 보여주신 여러분께 진심으로 감사의 말을 전합니다. 사람들이 말하기를 언어는 그 나라 문화 이해의 기반이라고 합니다. 저는 여러분의 베트남어 공부를 통해 베트남에 보여주는 애정이 더 크고 깊어질 것이라고 믿습니다. 그렇기 때문에, 저 역시 한국에 대한 애정과 이해를 위해 한국어 공부에 노력 중입니다.

Học tiếng Việt không khó, nhất là đối với các bạn, những người luôn mang tình yêu đối với Việt Nam và mong muốn gắn bó hai nước Việt-Hàn trong trái tim mình. Tôi tin rằng tiếng Việt sẽ giúp ích nhiều cho các bạn sau này.

Chúc các bạn sẽ đạt nhiều thành tích tốt trong học tập và mong các bạn, với vai trò cầu nối, bằng nhiều hình thức giúp phát triển hơn nữa tình hữu nghị tốt đẹp giữa nhân dân hai nước trong thời gian tới.

베트남어 공부는 어려운 것이 아닙니다. 특히, 베트남에 대해 애정을 가진 여러분과 자신의 마음에 한-베 양국에 대한 마음을 늘 가지고 있는 학생들에겐 더욱 그러합니다. 저는 베트남어가 앞으로 여러분에게 많은 이익을 가져다 줄 것이라고 믿습니다.

Trong nhiều yếu tố để phát triển quan hệ hữu nghị và hợp tác giữa hai nước thì việc thông hiểu nhau là yếu tố quan trọng nhất, cùng với điểm đồng về lịch sử và văn hóa, nó sẽ giúp cho mối quan hệ hai nước chúng ta được lâu bền và phát triển thịnh vượng. Các bạn chính là những nhân tố quan trọng quyết định tương lai tình hữu nghị và quan hệ hợp tác hai nước sau này. Tôi xin đặt trọn lòng tin vào thế hệ các bạn.

양국 협력과 우호 관계 발전을 위한 많은 요소 중, 역사와 문화에 대해 닮은 점은 서로를 이해하는 데에 가장 중요한 요소입니다. 그것은 양국이 굳건히 발전, 번영하는 데에 큰 도움을 줄 것입니다. 여러분이 바로 양국 간 우정과 협력의 미래를 결정하는 중요한 요소입니다. 저는 여러분의 세대에 믿음을 둘 것입니다.

주한베트남대사 팜 후 찌(Phạm Hữu Chí)

교재 구성 및 특징

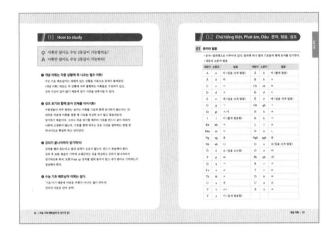

How to study

각 파트별로 공부하는 방법을
친절하게 알려줍니다. 저자가
제시하는 학습 방법을 따라
공부하면 단기간에 수능 베트남어 시험을 효과적으로 대비할 수 있습니다.

본문 학습

어휘, 문법, 문장, 독해로 구성되어 있어서 수능 준비에 필요한 부분을
꼼꼼하게 살펴보고 준비할 수 있습니다.

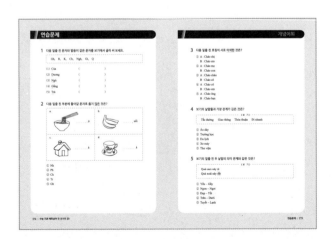

연습문제

수능 기출 문제와 EBS 유형
을 분석하고 선별하여 저자가
직접 출제한 문제로 구성되어
있습니다. 시험 전에 꼭 연습
해 봐야 하는 유형이므로 꼼
꼼하게 풀어 보고 실력을 확
인해 보세요.

홈페이지 및 동영상 강의 소개

제2외국어 수능 전문 학원,
본 교재의 저자 직강 영상 제공
www.eduya.co.kr

네이버 검색창에 '에듀야'를 입력하세요. | 에듀야 ▼ |

〈강의 속 예습 · 복습〉

미리보기

포인트 업

〈커리큘럼〉

개념 어휘

필수 문법

실전 독해

핵심 문장

목차

개념 어휘

필수 문법

들어가기 전에

베트남 소개

★ **베트남 Vietnam**	수도 : 하노이 (인구 656만 명) 면적 : 330,341㎢ (한반도의 1.5배) 언어 : 베트남어 인구 : 약 9천4백만명 GDP : 1,878억$ (2014년 기준) 종교 : 불교 12%, 가톨릭 7% 등

자료 출처 : 외교부(http://www.mofa.go.kr)

베트남어의 특징 Tiếng Việt (Nam)

1. 고립어 : 어휘의 변형이 없다. (어휘 끝에 –s, -es가 붙는 형태가 아니다.)

주어	동사 ∼이다
Tôi 1인칭 단수	là
Các anh ấy 3인칭 복수	là

2. 단음절어 : 대개 한 단어가 하나의 뜻을 가진다.

베트남어	뜻
ạ	존칭
ăn	먹다
hè	여름
kem	아이스크림

3. 성조어 : 발음의 높낮이가 있는 언어이다. (성조에 따라 뜻이 달라진다.)

성조기호	예시	뜻
표시없음	đa	많을 다
올라가는 성조	má	볼(얼굴)
내려가는 성조	vì	왜냐하면
물음표 모양의 성조	hỏi	질문하다
물결 성조	mũ	모자
점 성조	tặng	선물하다

4. 한자어 : 약 60~70%가 한자어를 차용한 단어이다. (한국어와 비슷한 발음을 가진 어휘가 많다.)

한국어	베트남어	발음
사회	Xã hội	싸 호이
문화	Văn hóa	반 화

5. 동사의 다양한 역할 : to 부정사나 동명사와 같은 용법이 없고, 동사가 주어 자리에 오면 주어, 목적어 자리에 오면 목적어처럼 해석한다.

주어	동사 ~이다	목적어
Nghe nhạc	Là	Sở thích của tôi.
음악을 듣는 것은	이다	나의 취미
Tôi	Thích	học.
나는	좋아하다	공부하는 것을

개념 어휘

> **Q** 어휘만 알아도 수능 2등급이 가능할까요?
>
> **A** 어휘만 알아도 수능 2등급이 가능하다!

❶ 개념 어휘는 각종 상황에 꼭 나오는 필수 어휘!

수능 기초 베트남어는 정해져 있는 상황을 기본으로 문제가 출제된다.
〈개념 어휘〉 파트는 각 상황에 자주 출현하는 어휘들로 구성되어 있고,
강의 시간이 길지 않기 때문에 암기 시간을 단축시킬 수 있다.

❷ 성조 표기와 함께 문자 전체를 이미지화!

수험생들이 자주 범하는 실수는 어휘를 기호와 함께 암기하지 않는다는 것!
대부분 처음에 어휘를 접할 때 기호를 유심히 보지 않고 발음대로만
암기하기 때문이다. 그러나 처음 암기할 때부터 기호를 반드시 같이 외워야
나중에 고생하지 않는다. 기호를 함께 외우는 것은 시간을 절약하는 방법 중
하나이므로 확실히 하고 넘어간다.

❸ 강의가 끝나자마자 암기하자!

강의를 빨리 듣는다고 절대 실력이 오르지 않는다. 반드시 복습해야 한다.
강의 후 30분 복습이 기억에 오래간다는 것을 명심하고 강의가 끝나자마자
암기하도록 하자. 또한 Point up 강의를 절대 놓치지 말고 내가 얼마나 기억하는지
점검해야 한다.

❹ 수능 기초 베트남어 어휘는 쉽다.

'기초'이기 때문에 어려운 어휘가 아니다. 많이 외우자!
언어의 기본은 단어 공부!

02 Chữ tiếng Việt, Phát âm, Dấu 문자, 발음, 성조

01 문자와 발음

- 문자–알파벳으로 이루어져 있다, 알파벳 위나 옆의 기호들과 함께 문자를 암기한다.
- 대문자 소문자 발음

대문자	소문자	발음	대문자	소문자	발음
A	a	아 (입을 크게 벌림)	Ă	ă	아 (짧게 발음)
Â	â	어	B	b	ㅂ
C	c	ㄲ	Ch	ch	ㅉ
D	d	ㅈ	Đ	đ	ㄷ
E	e	애 (입을 크게 벌림)	Ê	ê	에 (입을 작게 벌림)
G	g	ㄱ	Gh	gh	ㄱ
Gi	gi	ㅈ/지	H	h	ㅎ
I	i	이 (짧게 발음함)	K	k	ㄲ
Kh	kh	ㅋ	L	l	ㄹ
Mm	m	ㅁ	N	n	ㄴ
Ng	ng	응	Ngh	ngh	응
Nh	nh	니	O	o	오(입을 크게 벌림)
Ô	ô	오 (입을 오므림)	Ơ	ơ	어
P	p	ㅃ	Ph	ph	/f/
Q	q	ㄲ	R	r	ㅈ
S s	s	ㅆ	T	t	ㄸ
Th	th	ㅌ	Tr	tr	ㅉ
U	u	우	Ư	ư	으
V	v	/v/	X	x	ㅆ
Y	y	이 (길게 발음함)			

02 사용되지 않는 문자

F, W, J, Z는 사용하지 않는다

 Fai, weng, jane, zec 등과 같은 베트남어는 존재하지 않는다.

03 비슷한 발음을 가지는 문자

(1) 비슷한 발음을 가지는 자음

C, K, Q = ㄲ   D, R, Gi = ㅈ

S, X = ㅆ   Ch, Tr = ㅉ

G, Gh = ㄱ   Ng, Ngh = 응

(2) 비슷한 발음을 가지는 모음

A, Ă = 아   Â, Ơ = 어

O, Ô = 오   E, Ê = 애,에

I, Y = 이

• 수능 베트남어에서는 듣기 말하기가 없으므로 비슷한 음가를 가지는 모음을 알아두면 유용하다.
• 비슷한 음가를 가지는 모음이라는 뜻이지 완전히 같은 발음이 아니다.

04 자모 결합 시 주의사항

C, G, Ng + a, ă, â, o, ô, ơ, u, ư

K + e, ê, i, y

Gh, Ngh + e, ê, i (y는 올 수 없다.)

Q + u

 Cien, Gha, Qing, Kung 등과 같은 베트남어는 자음 + 모음 결합이 옳지 않으므로 존재하지 않는다.

05 첫 자음 특징

(1) Ng-, Ngh-

주로 받침으로 들어가는 ng는 베트남어에서는 첫 자음으로 자주 등장한다.

예시	Người /응어이/ 사람	Nghe /응애/ 듣다

(2) p-

p자음 하나로만 되어있는 베트남어 어휘는 거의 없다.

주로 ph-로 시작하는 어휘가 많다.

06 끝 자음 특징

(1) -nh

끝 자음이 -nh로 끝나면 /-인/ 또는 /-잉/으로 발음한다.

예시	Anh /아인/ 또는 /아잉/ 형, 오빠, 젊은 남자 2인칭 호칭

(2) -ch

끝 자음이 -ch로 끝나면 /-익/으로 발음한다.

예시	Sách /싸익/ 책

07 복모음

말 그대로 모음이 복수(2개 이상)라는 뜻이고 단모음 발음대로 발음한다.

(1) -uô -우오

예시	Xuống /쑤옹/ 내리다, 내려가다

(2) -ươi -으어이

예시	Tươi /뜨어이/ 신선한, 싱싱한

08 이중 모음 뒤 -a 발음

모음이 2개로 된 어휘에 마지막 모음이 -a로 끝나면 / -어/로 발음한다.

예시	kia /끼어/ 저분, 저것, 저기	thua /투어/ 지다

예외 -oa /-오아/ 이중모음이지만 -a앞에 o를 만나면 그대로 /-아/로 발음한다.
Hoa /호아/ 꽃, Xóa /쏘아/ 지우다
Qua /꾸아/ 지나다 (Q+u+a는 단모음 발음 그대로 발음한다.)

09 성조

중심 되는 모음의 위나 아래에 특정 기호로 표기하고 모양대로 발음한다.
성조에 따라 전혀 다른 뜻이 되므로 성조는 어휘 문제와 연관되어 출제된다.

(1) 6성조

① 표기 없음 : 평성으로 발음한다. 예시 a

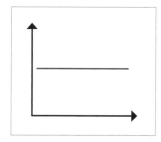

② 올라가는 기호 : 음을 올려가며 발음한다. 예시 á

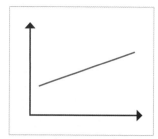

③ 내려가는 기호 : 음을 내려가며 발음한다. 　예시　à

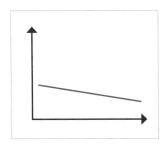

④ 물음표 기호 : 물음표 모양처럼 흘려주듯이 발음한다. 　예시　ả

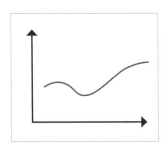

⑤ 물결 기호 : 꺾이는 상승음으로 발음한다. 　예시　ã

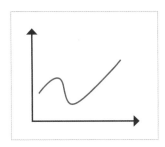

⑥ 점 기호 : 저음으로 짧게 발음한다. 점 기호의 성조만 중심 모음 아래에 위치한다.
　예시　ạ

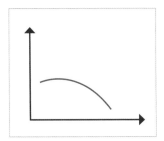

예시	Chao 흔들흔들하다 Chào 인사하다, 안녕 Chão 식용개구리	Cháo 죽 Chảo 후라이팬 Chạo 새우 등을 다져서 만든 음식

> ⇨ 같은 알파벳을 쓰지만 성조에 따라서 전혀 다른 뜻이 되므로, 어휘를 암기할 때 성조 기호와 함께 암기해야 한다. 특히, 회화 시 성조는 잘 지켜서 발음하는 것이 중요하다.

(2) 성조 표기 방법

① 단어에 모음이 한 개일 때 모음의 위나 아래에 표기

예시	Nó /노/ 그는	Bụng /붕/ 배(신체)

② 단어에 모음이 두 개이고 받침이 없는 단어는 앞 모음에 표기

예시	Chào /짜오/ 안녕	Hứa /흐어/ 약속하다

③ 단어에 모음이 두 개이고 받침으로 끝나는 단어는 뒤 모음에 표기

예시	Được /드억/ 가능하다	Tiền /띠엔/ 돈

④ 단어에 모음이 세 개이고 받침이 없는 단어는 중간 모음에 표기

예시	Nhiều /니에우/ 많은	Người /응어이/ 사람

⑤ 단어에 모음이 3개이고 받침으로 끝나는 단어는 뒤 모음에 표기

예시	Nguyễn /응우엔/ 베트남 사람 성	Thuyền /투이엔/ 배, 함선

03 호칭

01 인칭대명사 (호칭)

인칭	단수	복수
1인칭	Tôi 나 = Em 저	Chúng tôi 우리들 = Chúng em 저희들
2인칭	Tớ = Mình 나(친구 사이)	Chúng ta 우리들 = Chúng mình 우리들(친구사이)
	Em 동생, 손아래 Anh 형, 오빠 Chị 언니, 누나	Các em 너희들(동생들) Các anh 당신들(젊은 남자) Các chị 당신들(젊은 여자)
	Em 학생 Cô 당신(여교사) Thầy 당신(남교사)	Các em 여러분(학생들) Các cô 당신들(여교사들) Các thầy 당신들(남교사들)
	Cháu 손주 Ông 당신(할아버지) Bà 당신(할머니)	Các cháu 너희들(손주들) Các ông 당신들(할아버지들) Các bà 당신들(할머니들)
	Cháu 조카 Cô 당신(고모) Chú 당신(작은아버지)	Các cháu 너희들(조카들) Các cô 당신들(고모들) Các chú 당신들(작은아버지들)
	Bạn 너(친구)	Các bạn 친구들, 여러분
3인칭	Anh ấy 그(젊은 남자) Chị ấy 그녀(젊은 여자) Em ấy 걔(동생)	Các anh ấy 그들(젊은 남자들) Các chị ấy 그녀들(젊은 여자들) Các em ấy 걔네들(동생들)
	Cô ấy 그녀(여교사) Thầy ấy 그(남교사)	Các cô ấy 그녀들(여교사들) Các thầy ấy 그들(남교사들)
	Cháu ấy 그 애(어린이, 손자, 조카뻘)	Các cháu ấy 그들(손자, 조카뻘 어린이들)
	Nó (일반적)그	Họ (일반적)그들

02 관계에 의한 호칭 변화

높임말이 없는 베트남어에서는 상대적인 호칭을 달리 써 가면서 상대방과 나와의 관계를 정한다.

일반적인 호칭 관계

1인칭 나	2인칭 너, 당신
Tôi (절대적 1인칭)	Ông (할아버지), Bà (할머니), Anh (형, 오빠, 젊은 남자), Chị (언니, 누나, 젊은 여자), Em (동생)...
Tớ 나(친구 사이)	Cậu 너(친구 사이)
Mình 나(친구 사이)	Bạn 너(친구 사이)

1인칭 나(손아래)	2인칭 당신(연장자)
Em 나, 저	Anh 형, 오빠, 젊은 남자 / Chị 언니, 누나, 젊은 여자

1인칭 나(연장자)	2인칭 너(손아래)
Anh 형, 오빠 / Chị 언니, 누나	Em 동생

1인칭 나, 저(학생)	2인칭 당신(선생님)
Em 학생	Cô 여교사 / Thầy 남교사

예시

1 A : Chào cô.   A : 안녕하세요, 선생님(여교사).
   B : Chào em.   B : 안녕, 얘야(학생).
   ⇨ 여교사와 학생의 인사

2 A : Chào cô.   A : 안녕하세요, 고모.
   B : Chào cháu.   B : 안녕, 얘야(조카).
   ⇨ 고모와 조카의 인사

3 A : Chào mẹ.   A : 안녕하세요, 엄마.
   B : Chào con.   B : 안녕, 얘야(자녀).
   ⇨ 엄마와 자녀의 인사

4	A : Chào bạn. B : Chào thầy.	A : 안녕, 친구. B : 안녕하세요, 선생님(남교사).
	⇨ 친구와 선생님의 호칭이 어울리지 않으므로 틀린 대화이다.	

03 가족관계 호칭

Ông ngoài – Bà ngoài
외할아버지 – 외할머니

Ông nội – Bà nội
친할아버지 – 친할머니

Mẹ – Bố=cha
어머니 – 아버지

Con 자녀

Anh trai	Em trai	Con trai	Bạn trai
친형, 친오빠	친남동생	아들	남자친구
Chị gái	Em gái	Con gái	Bạn gái
친언니, 친누나	친여동생	딸	여자친구

호칭만으로 성별을 알 수 없는 Em(동생), Cháu(손주), Con(자녀), Bạn(친구)는, 호칭 뒤 trai를 붙임으로써 남자를 나타내고, 호칭 뒤 gái를 붙임으로써 여자를 나타낸다.

04 인사와 소개

01 만났을 때

(1) 인사

Xin ~	Chào	Khỏe	Rất
청하다, 신청하다, 영어의 please~	인사하다. 안녕 (아침, 점심, 저녁)	건강한	아주, 매우
Lâu	Quá	Gặp	Vui
오랜	아주, 매우	만나다	기쁜
Lắm	Làm quen	Bình thường	Cũng
아주, 매우	알고 지내다, 사귀다	보통, 그저 그러한	역시, 또한

(2) 소개

① 이름

Tên	Của	Là	Gì
이름	~의, ~의 것, ~의 것이다	~이다	무엇

② 나이

Bao nhiêu	Tuổi
얼마나 많이	나이, ~세, ~살이다

③ 국적

Hàn Quốc	한국	Việt Nam	베트남
Trung Quốc	중국	Lào	라오스
Nhật Bản	일본	Camphuchia	캄보디아

Mỹ	미국	Thái Lan	태국
Canađa	캐나다	Anh	영국
Úc	호주	Pháp	프랑스
Nga	러시아	Đức	독일

④ 소개와 관련된 어휘

Đây 이것, 여기, 이 사람	Kia 저것, 저기, 저 사람	Đó 그것, 거기, 그 사람	Người 사람
Nước 나라	Đi 가다	Đến 오다	Nào 어떤 , 어느
Gia đình 가족	Bố 아버지	Mẹ 어머니	Quốc tịch 국적
Tuổi 나이, ~세(이다)	Cao 높은, 키가 큰	Chị gái 언니, 누나	Ở ~에(서), 살다, 머물다, ~에 있다
Đâu 어디	Ai 누구, 누구를	Bao giờ 언제	Tại sao 왜
Đeo (시계, 반지)차다, 끼다	Kính 안경	Đội (모자)쓰다	Mũ 모자
Mặc 입다	Áo 옷	Ảnh 사진	Giữa 가운데, 사이에

02 헤어질 때

Xin 청하다, please	Chào 인사하다, 안녕 (아침, 점심, 저녁)	Tạm biệt 잘 가요,잘 지내	Hẹn 약속하다
Ai 다시	Lần sau 다음 번	Gặp 만나다	Ạ (문장 끝)존칭

03 감사

Cảm ơn 감사하다, 고마워	Không có gì 천만에요

04 사과

Xin lỗi 미안하다. 실례합니다	Không sao 괜찮아요

05 대답

Dạ 네(대답)	Vâng 네(긍정의 yes)	Không 아니오(부정의 no)

05 학교생활

01 학교에서 사용하는 단어

Trường 학교	Lớp 학급, 반, 학년, 교실	Học 공부하다	Học sinh (초중고)학생
Sinh viên 대학생	Bàn 책상	Ghế 의자	Đứng 서다
Ngồi 앉다	Thư viện 도서관	Dạy 가르치다	Phòng học 교실
Đọc 읽다	Sách 책	Viết 쓰다	Nghe 듣다
Nói 말하다	Môn học 과목	Tiếng Việt 베트남어	Thi 시험치다
Nói chuyện 이야기하다	Nghĩ 생각하다	Hỏi 질문하다	Trả lời 대답하다

02 베트남 학교 제도

(1) 초, 중, 고등학교

Lớp 학년	Trường 학교	
1		
2		
3	Trường tiểu học 초등학교	
4		
5		
6		Học sinh 학생
7		
8	Trường trung học cơ sở 중학교	
9		
10		
11	Trường trung học phổ thông 고등학교	
12		

베트남 초, 중, 고 학생들의 학년을 말할 때는 1학년부터 12학년으로 표현한다. 초등학생은 1~5학년, 중학생은 6~9학년, 고등학생은 10~12학년이다. 예를 들어, 10학년이면 우리나라 고등학교 1학년으로 이해한다.

(2) 대학교

Năm thứ mấy 학년	Trường 학교	
Năm thứ nhất 1학년		Sinh viên
Năm thứ hai 2학년	Trường đại học	대학생
Năm thứ ba 3학년	대학교	
Năm thứ tư 4학년		

대학생의 학년을 말할 때는 초, 중, 고 학생의 학년을 말할 때와 완전히 다르다.

03 주요 과목 어휘

Tiếng Việt	베트남어	Tiếng Anh	영어
Toán	수학	Lịch sử	역사
Văn hóa	문화	Chính trị	정치
Kinh tế	경제	Xã hội	사회
Thể thao	체육	Âm nhạc	음악

06 취미 생활과 동작

취미 생활과 기본 동작 어휘

Sở thích	취미	Thích	좋아하다
Bóng đá	축구	Xem phim	영화보다
Muốn	원하다	Giỏi	잘하는
Bơi	수영하다	Dọn nhà	집 청소하다
Du lịch	여행하다	Nghỉ hè	여름방학
Tập thể dục	운동하다	Chụp ảnh	사진찍다
Viết thư	편지쓰다	Hát bài hát	노래하다
Loại	종류, 장르	Đọc sách	책 읽다
Cuối tuần	주말	Rỗi	한가한
Ngủ	자다	Thời gian	시간
Kế hoạch	계획	Ăn cơm	밥먹다
Rủ	부르다	Leo núi	등산하다
Mua sắm	쇼핑하다	Vẽ tranh	그림 그리다
Kết hôn	결혼하다	Chăm sóc con	아이를 돌보다

01 기수

0 không	1 một	2 hai	3 ba	4 bốn	5 năm
6 sáu	7 bảy	8 tám	9 chín	10 mười	

15 mười lăm

➡ 15, 25, 35…등에서 1의 자리의 5는 năm이 아닌 lăm으로 사용한다.

20 hai mươi

➡ 20, 30, 40…부터 10은 mười가 아닌 mươi로 성조가 바뀐다.

21 hai mươi mốt

➡ 21, 31, 41…부터 1의 자리의 1은 một이 아닌 mốt으로 성조가 바뀐다.

50 năm mươi
100 một trăm

➡ 100단위는 trăm이다.

101 một trăm linh(= lẻ) một

➡ 10의 자리의 0은 không(0)을 사용하지 않고 linh(= lẻ)을 사용한다.

111 một trăm mười một

➡ 111은 21보다 크지만 100(một trăm)을 먼저 쓰고 나머지 11(mười một)을 나중에 쓴다. 11은 21(hai mươi mốt)보다 작기 때문에 1의 자리는 그대로 một을 사용한다.
➡ 121 một trăm hai mươi mốt

1,000 một nghìn(= ngàn)

➡ 1,000단위는 nghìn(= ngàn)이다.

10,000 mười nghìn

➜ 앞 자리 10(mười)를 먼저 쓰고 나머지 1,000 단위 nghìn을 붙여서 사용한다.

100.000 một trăm nghìn
1.000.000 một triệu

➜ 100만은 triệu 단위를 쓴다.

1/2 nửa = một phần hai

02 서수 (thứ + 숫자)

첫 번째 thứ nhất

➜ 서수를 말할 때 1은 nhất이라고 쓴다. thứ một이라고 사용하지 않는다.

두 번째 thứ hai

세 번째 thứ ba

네 번째 thứ tư

➜ 서수를 말할 때 4는 tư라고 쓴다. thứ bốn이라고 하지 않는다.

다섯 번째 thứ năm

여섯 번째 thứ sáu

일곱 번째 thứ bảy

여덟 번째 thứ tám

아홉 번째 thứ chín

열 번째 thứ mười

03 숫자와 결합하는 기본 단위

킬로그램 Kg = Ki-lô, Cân

킬로미터 Km = Cây số

베트남 화폐 단위 : Đồng (1$ = 약 22,000 đồng. ※2014년 기준)

08 시간

01 하루 중 시간대를 나타내는 말

Buổi 하루 중 시간대를 나누는 단위	Sáng	아침
	Trưa	점심
	Chiều	오후
	Tối	저녁
	Đêm	밤

02 시간 표현

Bây giờ 지금	Mấy 몇	Giờ 시	Phút 분
Giây 초	Kém ~(분)전	Hơn ~더	Rưỡi (단위)반
Tiếng (걸리는)시간	Mất (시간)걸리다	Thời gian 시간(명사)	Nửa tiếng 1/2시간 = 30분
Khoảng 약, 대략	Đúng 맞는, 옳은, 정각		

03 시각과 하루 중 시간대 어휘 결합

저녁 7시 Bảy giờ tối

→ 7시 Bảy giờ
→ 저녁 Buổi tối
→ 저녁 7시 Bảy giờ (buổi) tối에서 buổi가 생략된다. 시간 명사끼리 결합할 때는 하루 중 시간대를 나타내는 buổi는 생략한다.

3시 10분 전 Ba giờ kém mười

➜ 3시 Ba giờ
➜ 10분 Mười phút
➜ 전 Kém ('부족하다, 모자라다' 의미)
➜ 3시 10분 전 Ba giờ kém mười (phút)에서 분 (phút)은 주로 생략된다. Kém은 '부족한'이라는 뜻이지만 시간 표현에서 ~분 전을 말할 때 사용된다.
  베트남 사람들은 2시 50분이라고 거의 말하지 않는다. 말이 길어지기 때문이다.

오후 5시 반 Năm giờ rưỡi chiều

➜ 오후 Buổi chiều
➜ 5시 Năm giờ
➜ 반 Rưỡi

2시 조금 넘은 시각 Hơn hai giờ

➜ 2시 Hai giờ
➜ Hơn ('~보다 더'라는 의미. 'Hơn + 숫자'는 해당 숫자보다 조금 더 많은 수를 의미)

9시 정각 Đúng chín giờ

➜ 9시 Chín giờ
➜ 정각 Đúng ('맞는, 옳은'이라는 의미. 시간과 함께 쓰이면 정각이라는 의미)

약 1시 Khoảng một giờ

➜ 약, 대략 Khoảng
➜ 1시 Một giờ

09 요일과 날짜

01 Thứ + 숫자 : 요일

요일을 말할 때 서수 표현 'Thứ + 숫자'를 사용해서 말한다.

Chủ nhật	Thứ 2	Thứ 3	Thứ 4	Thứ 5	Thứ 6	Thứ 7
일요일	월요일	화요일	수요일	목요일	금요일	토요일

수요일은 Thứ bốn이 아닌 Thứ tư라고 말해야 한다.

- 주말 Cuối tuần, 평일 Ngày thường

02 Ngày 날, 일

Chủ nhật	Thứ 2	Thứ 3	Thứ 4	Thứ 5	Thứ 6	Thứ 7
Ngày (mồng) 1 1일	Ngày (mồng) 2 2일	Ngày (mồng)3 3일	Ngày (mồng) 4 4일	Ngày (mồng) 5 5일	Ngày (mồng) 6 6일	Ngày (mồng) 7 7일
Ngày (mồng) 8 8일	Ngày (mồng) 9 9일	Ngày (mồng)10 10일	Ngày 11 11일	Ngày 12 12일	Ngày 13 13일	Ngày 14 14일
Ngày 15 15일	Ngày 16 16일	Ngày 17 17일	Ngày 18 18일	Ngày 19 19일	Ngày 20 20일	Ngày 21 21일
Ngày 22 22일	Ngày 23 23일	Ngày 24 24일	Ngày 25 25일	Ngày 26 26일	Ngày 27 27일	Ngày 28 28일
Ngày 29 29일	Ngày 30 30일	Ngày 31 31일				

초순(1일~10일) 사이에는 Ngày와 숫자 사이에 mồng이라는 단어를 더해서 관용적으로 사용하곤 한다. 단, mồng은 초순에만 사용할 수 있다.

- 초순 Đầu tháng, 중순 Giữa tháng, 하순 Cuối tháng

03 Tháng 달, 월

Tháng một	1월
Tháng hai	2월
Tháng ba	3월
Tháng tư	4월
Tháng năm	5월
Tháng sáu	6월
Tháng bảy	7월
Tháng tám	8월
Tháng chín	9월
Tháng mười	10월
Tháng mười một	11월
Tháng mười hai	12월

기본적으로 'Tháng + 숫자(해당 월을 의미)'를 사용한다.

단, 4월은 Tháng bốn이 아닌 Tháng tư라고 사용한다.

04 Năm 해, 년

- 2015년 Năm hai nghìn không trăm mười lăm

  'Năm + 해당년도'를 기본적으로 사용한다.

  100의 자리에 0은 không(숫자 0)을 사용하고 난 후, 100단위 trăm을 써 줘야 한다.
- 1996년 Năm một nghìn chín trăm chín mươi sáu
- 2014년 12월 25일 목요일 Thứ năm ngày hai mươi lăm tháng mười hai năm hai nghìn không trăm mười bốn.

  요일, 일, 월, 년 순서로 사용한다.

05 날짜에 관한 명사

지난해	올해	내년
Năm ngoái (= Năm trước)	Năm nay	Sang năm (= Năm sau)

지난달	이번 달	다음달
Tháng trước	Tháng này	Tháng sau

지난주	이번 주	다음주
Tuần trước	Tuần này	Tuần sau

그저께	어제	오늘	내일	모레
Hôm kia	Hôm qua	Hôm nay	Ngày mai	Ngày kia

06 시간을 나타내는 어휘들의 결합

우리말과 반대 순서로 사용한다.

지난해 5월 Tháng năm năm ngoái

➡ 지난해 Năm ngoái
➡ 5월 Tháng năm

다음 주 금요일 Thứ sáu tuần sau

➡ 다음 주 Tuần sau
➡ 금요일 Thứ sáu

오늘 저녁 7시 Bảy giờ tối nay

➡ 오늘 Hôm nay
➡ 저녁 Buổi tối
➡ 7시 Bảy giờ
시간대가 결합될 때에는 하루 중 시간대를 나타내는 buổi를 생략하고, hôm nay(오늘)에서 hôm을 생략해서 사용하는 경우가 많다.

내일 아침 9시 Chín giờ sáng mai

→ 내일 Ngày mai
→ 아침 Buổi sáng
→ 9시 Chín giờ
시간대가 결합될 때에는 하루 중 시간대를 나타내는 buổi를 생략하고, ngày mai(내일)에서 ngày을 생략해서 사용하는 경우가 많다.

07 숫자 4의 변신

일반적으로 숫자 '4(bốn)'이 '네 번째(tư)'로 변하는 경우는 다음과 같다.

4번째 (서수 표현) Thứ tư
대학교 4학년 Sinh viên năm thứ tư
수요일 (Hôm) thứ tư
4월 Tháng tư

08 요일, 날짜 질문 어휘

숫자, 날짜, 요일을 모두 공부해 두고 정작 요일이나 날짜를 묻는 질문이 나오면 당황하는 경우가 많으니 관용적 표현은 반드시 암기해 두도록 한다.

(Hôm) thứ mấy? 무슨 요일?	Ngày mấy? 몇 일(초순)?	Ngày bao nhiêu? 몇 일(일반적)?	Ngày nào? 어느 날? → 언제(구체적인 날짜)
Tháng mấy? 몇 월	Năm bao nhiêu? 몇 년	Lúc (시각 앞) ~에	Vào (시간명사 앞) ~에

10 날씨와 계절

01 날씨, 계절

날씨를 말할 때 영어에서 가주어 it을 쓰는 것처럼 베트남어에서는 trời('하늘'이라는 뜻)를 가주어로 사용한다.

(1) 4계절(베트남 북부지역) Bốn mùa (Miền Bắc Việt Nam)

Mùa xuân	봄	Trời ấm	따뜻하다
Mùa hè	여름	Trời nóng	덥다
Mùa thu	가을	Trời mát	시원하다
Mùa đông	겨울	Trời lạnh	춥다
Xuân hạ thu đông 춘하추동			

(2) 2계절 (베트남 남부지역) Hai mùa (Miền Nam Việt Nam)

Mùa mưa	우기	Trời nóng và ẩm	날씨가 덥고 습하다
Mùa khô	건기	Trời nắng và khô	날씨가 화창하고 건조하다

02 방위

Bắc 북	Tây 서	Nam 남	Đông 동

03 일기예보

Dự báo thời tiết	일기예보	Trời mưa	비가 온다
Trời có tuyết	눈이 온다	Trời có nhiều mây	구름이 많다
Trời nắng	화창하다	Trời có gió	바람이 있다

11 베트남 주요 도시

도시별 연관 단어

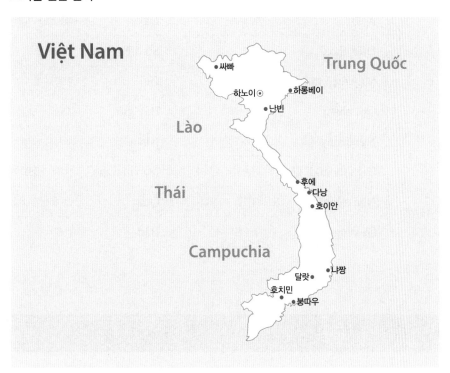

- **Sa Pa**(싸빠) Dân tộc thiểu số(= Dân tộc ít người), Trời mát, Có tuyết : 소수 민족, 시원하다, 눈이 온다
- **Hà Nội**(하노이) Thủ đô, Lăng Bác Hồ : 수도, 호찌민 무덤
- **Vịnh hạ Long**(하롱베이) Di sản văn hóa thế giới : 세계 문화 유산
- **Huế**(후에) Đã là thủ đô, Di tích lịch sử : 수도였다, 역사 유적
- **Hội An**(호이안) Thương cảng quốc tế, Giao lưu văn hoá : 국제 항구 도시, 문화 교류
- **Nha Trang**(냐짱) Trung tâm du lịch nổi tiếng : 유명한 여행 중심지
- **Đà Lạt**(달랏) Thành phố hoa đẹp, Trời mát : 아름다운 꽃 도시, 시원하다
- **TP.Hồ Chí Minh**(호찌민시) Trung tâm kinh tế, Có 2 mùa, Sài Gòn : 경제 중심, 2계절, 사이곤(옛이름)
- **Đồng bằng sông cửu long**(메콩델타) Sông Mê Kông : 메콩강

12 전화

전화하기 주요 단어

A-lô	여보세요	Đấy	(상대방) 거기
Điện thoại	전화	Số điện thoại	전화번호
Máy điện thoại	전화기	Gọi	전화걸다
Gọi nhầm	잘못 걸다	Bây giờ	지금
Nghe máy	전화 받다	Nhắn	메시지 남기다
Điện thoại di động	이동전화, 핸드폰	○○ xin nghe	(회사, 기관) ○○입니다
Nhà riêng	개인집, 가정집	Qua	건너다, 지나다, 들르다
Đi vắng	부재중이다	Bận	바쁜

13 교통

거리, 교통 주요 단어 (※ Xe는 차의 총칭이다.)

Giao thông 교통	Phương tiện 수단, 방편	Xe máy 오토바이	Xe ôm 오토바이택시
Xe buýt 버스	Xe ôtô 자동차	Xe tắc xi 택시	Xe đạp 자전거
Xích lô 씨클로	Xe lửa(= tàu lửa) 기차	Máy bay 비행기	Đường 길
Rẽ phải 오른쪽으로 돌다	Rẽ trái 왼쪽으로 돌다	Đi thẳng 직진하다	Sẽ thấy 보일 것이다
Ngã tư 사거리	Đối diện 맞은편	Gần 가까이, 근처에	Xa 먼
Tắc đường 길이 막히다	Lạc đường 길을 잃다	Bằng gì? 무엇으로?(교통수단)	Cách (간격)떨어진
Chạy 달리다	Đi bộ 걷다	Phức tạp 복잡한	Đông 붐비는

14 식당과 음식

01 식당에서 사용하는 주요 단어

Nhà hàng = Quán ăn 식당, 레스토랑	**Đặt bàn** 테이블 예약하다	**Mấy người** 몇 명
Phục vụ 서비스	**Thực đơn** 메뉴	**Dùng** 드시다(먹다, 마시다 높임), 사용하다
Thìa 숟가락	**Đũa** 젓가락	**Bát = tô** 그릇
Cốc = ly 컵	**Tiền** 돈	**Nước** 물

02 베트남의 대표 음식

Phở bò **Phở gà**	소고기 쌀국수 닭고기 쌀국수	**Cơm trắng** **Cơm rang**	흰쌀밥 볶음밥
Bánh mì **Bánh ngọt**	바게뜨빵 케이크	**Hoa quả** **= Trái cây**	과일
Món hải sản	해산물 요리	**Thịt**	고기
Rau	야채	**Cá**	생선
Trà	차	**Trứng**	달걀
Cà phê	커피	**Nem rán = Chả giò**	스프링롤
Sữa	우유	**Nước mắm**	젓갈류 소스

03 베트남의 대표 과일

Chanh	레몬	Cam	오렌지
Nho	포도	Táo	사과
Dưa hấu	수박	Dừa	코코넛
Chuối	바나나	Xoài	망고

04 기본 요리법

Nấu (ăn)	요리하다	Luộc	삶다
Nướng	굽다	Sống	날 것, 살아있는
Sôi	끓이다	Hấp	찌다

05 맛

Chua	신 맛의	Ngon	맛있는
Mặn	맛이 짠	Cay	매운
Tươi	신선한	Ngọt	달달한
Nhạt	싱거운	Đắng	맛이 쓴

15 쇼핑과 종별사

01 쇼핑할 때 사용하는 주요 단어

Mua sắm 쇼핑하다	Chợ 재래시장	Siêu thị 쇼핑	Quần áo 옷, 의류
Mặc 입다	Giày 신발	Đeo kính 안경끼다	Đeo đồng hồ 시계를 차다
Đội mũ 모자를 쓰다	Nón lá 전통모자(고깔모양)	Áo dày 아오자이(전통의상)	Gía 가격
Mặc cả 흥정하다	Giảm giá 가격을 줄이다	Bớt đi (값을)빼다	Đắt 비싼
Rẻ 싼	Vừa với ~에게 치수가 맞다	Hợp với ~에게 색깔, 스타일이 어울리다	Cỡ 치수
Kiểu 스타일	Máy vi tính 컴퓨터	Thử (시험삼아) ~해 보다	Chất lượng 품질
Đổi 바꾸다, 교환하다	Trả lại 환불하다	Chật 꽉 끼는	To 큰

02 종별사

베트남어에는 명사 앞에 붙어서 단위처럼 사용하는 말이 있다. 사물이나 동물, 책 등과 같은 명사의 종류를 구별해 주고, 그에 해당하는 명사를 지칭할 때 쓰이는 것을 종별사라고 한다.

일반적으로 사용하는 종별사는 다음과 같다.

(※ 종별사의 쓰임과 순서는 중요한 부분이므로 필수 문법편의 〈15강 종별사의 사용〉을 참고한다.)

Cái	(사물) 것, 개	Chiếc	(개체) 대
Con	(생물) 마리	Quyển	(책) 권
Tờ	(종이) 장	Qủa	(과일, 둥근 것) 개
Bài	(글자) 단원, 문단	Đôi	(2개가 하나로 된) 켤레, 쌍
Bộ	세트	Bức	평평하고 직각이고 부피가 없는 것

03 단위를 나타내는 명사

Cốc	= Ly 컵	Bát	= Tô 그릇
Đĩa	접시	Chai	병
Hộp	통(종이)	Lon	캔
Thùng	통(플라스틱)		

16 신체와 병원

01 신체 명칭

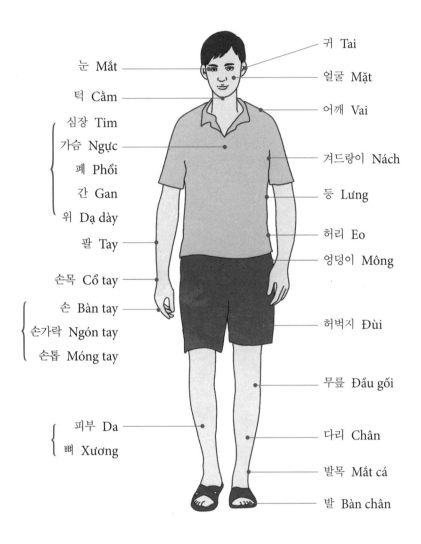

눈 Mắt		귀 Tai
턱 Cằm		얼굴 Mặt
심장 Tim		어깨 Vai
가슴 Ngực		겨드랑이 Nách
폐 Phổi		등 Lưng
간 Gan		허리 Eo
위 Dạ dày		엉덩이 Mông
팔 Tay		허벅지 Đùi
손목 Cổ tay		무릎 Đầu gối
손 Bàn tay		다리 Chân
손가락 Ngón tay		발목 Mắt cá
손톱 Móng tay		발 Bàn chân
피부 Da		
뼈 Xương		

Đầu	머리	Tóc	머리카락	Mặt	얼굴	Mắt	눈
Tay	손, 팔	Tai	귀	Miệng	입	Mũi	코
Chân	다리	Lưng	등	Bụng	배	Răng	이

Bệnh viện 병원	Bị làm sao? 왜 그래?	Bị đau 아프다	Bị cảm 감기 걸리다
Bị ốm 아프다, 몸살나다	Khỏi bệnh = hết bệnh 병이 낫다	Bị thương 다치다	Nằm viện 입원하다
Bị tai nạn 사고나다	Bị sốt 열이 나다	Ho 기침하다	Khám bệnh 진찰하다
Uống thuốc 약을 복용하다	Nhức đầu 머리에 통증을 느끼다	Bác sĩ 의사	Y tá 간호사

17 은행

은행에서 사용하는 주요 단어

Ngân hàng	은행	Rút tiền	돈을 인출하다
Mở tài khoản	계좌를 만들다(열다)	Làm thẻ	카드를 만들다
Ghi	기록하다	Giấy tờ	서류
Gửi tiền	돈을 보내다	Đổi tiền	환전하다

18 우체국

우체국에서 사용하는 주요 단어

Bưu điện	우체국	Gửi thư	편지를 보내다
Địa chỉ	주소	Nhận	받다
Bưu phẩm	우편물,소포	Phong bì	봉투
Cân nặng	무게가 나가다	Trong nước / Quốc tế	국내 / 국제

19 도서관

도서관에서 사용하는 주요 단어

Thư viện	도서관	Mượn sách	책을 빌리다
Sách văn học	문학책	Nhà văn	작가
Tác phẩm	작품	Tạp chí	잡지
Báo	신문	Thông tin	정보, 소식

20 여행

여행할 때 사용하는 주요 단어

Du lịch	여행(하다)	Phòng đơn	1인실
Phòng đôi	2인실	Trả phòng	체크아웃하다
Hai ngày một đêm	1박 2일	Khách sạn	호텔
Mất	잃다	Vé máy bay	비행기표
Hộ chiếu	여권	Mang	가지고 가다(오다)
Đặt	예약하다	Nhóm / Cá nhân	단체 / 개인

21 방문, 초대와 축하

방문, 축하, 초대 관련 단어

Mời	초대하다	Rủ	부르다
Mở tiệc	파티를 열다	Thăm nhà	집을 방문하다
Đặc biệt	특별히	Tặng quà	선물하다
Chuẩn bị	준비하다	Chúc mừng	축하하다
Cảm ơn	감사하다	Ăn tối	저녁을 먹다
Bánh ngọt	케이크	Hoa	꽃

22 직업과 장래희망

01 대표 직업 어휘

Học sinh / Sinh viên	학생 / 대학생	Giáo sư	교수
Giáo viên	선생님 (여교사 + 남교사)	Luật sư	변호사
Bác sĩ	의사	Y tá	간호사
Nhà báo	기자	Kỹ sư	기술자
Cảnh sát / Công an	경찰 / 공안	Kiến trúc sư	건축가
Nghệ sĩ	예술가	Nhân viên	회사원, 직원
Hướng dẫn viên du lịch	여행 가이드	Ca sĩ	가수

02 장래희망 관련 어휘

Trở thành	~가 되다	Hy vọng	희망하다
Mong	바라다	Nổi tiếng	유명한
Nghề	직업	Tuyệt vời	아주 좋은, 훌륭한
Giỏi	잘하는	Cố gắng	노력하다

23 명절

명절 관련 주요 단어

Ngày lễ	국경일, 명절	Tết (ăn Tết)	설 (설 쇠다)
Trung thu	추석, 중추절	Nhân dịp	~의 기회에
Xông đất	쏭 덧 (연초 남의 집 처음 방문하는 문화)	Tiền lì xì	세뱃돈
Quan trọng	중요한	Âm lịch	음력
Dương lịch	양력	Bánh chưng	바인 쯩 (사각형의 떡)
Truyền thống	전통	Bánh dày	바인 자이 (둥근 모양의 떡)

24 안부 묻기

안부를 물을 때 사용하는 어휘

Hỏi thăm	안부 묻다	Dạo này	요즘
Cuộc sống	인생, 삶, 생활	Nhớ	기억하다, 그립다
Thông cảm	이해를 바라다, 양해하다	○○○ thân mến	친애하는 ○○○
Chúc	축~(기원)	Vui vẻ	즐거운

25 베트남 문화관련 주요 단어

01 Bản đồ Việt Nam 베트남 지도

02 Quan hệ Hàn Quốc - Việt Nam 한국 − 베트남 관계

Hàn Quốc	한국	Việt Nam	베트남	Đầu tư	투자
Nam	남	Nữ	여	Kết hôn	결혼하다
Phở	쌀국수	Cà phê	커피	Món ăn	음식
Vịnh Hạ Long	하롱베이(여행지)	Nha Trang	냐짱(여행지)	Du lịch	여행하다

03 Địa lý 지리

Bắc	북	Trung Quốc	중국
Tây	서	Lào, Camphuchia	라오스.캄보디아
Nam	남	Biển	바다
Đông	동	Biển	바다

04 Mùa 계절

Miền Bắc 북부지역	Hà Nội 하노이	Miền Nam 남부지역	Thành phố. Hồ Chí Minh 호찌민시
Mùa xuân	봄	Mùa mưa	우기
Mùa hè	여름		
Mùa thu	가을	Mùa khô	건기
Mùa đông	겨울		

05 Dân tộc 민족

90%		10%	
Dân tộc Kinh	낀 족	Dân tộc thiểu số, Dân tộc ít người	소수민족
Toàn Quốc	전국	Sa pa	싸 빠

06 5 Thành phố lớn 5대 도시

Hà Nội	하노이	Thủ đô	수도
Thành phố. Hồ Chí Minh	호찌민시	Trung tâm kinh tế	경제 중심지
Hải Phòng	하이퐁	Cảng	항구
Đà Nẵng	다낭	Thành phố lịch sử	역사 도시
Cần Thơ	껀터	Hải sản	해산물

07 Quần áo 의복

Mũ	모자	Nón (lá)	전통모자
Áo truyền thống	전통의상	Áo dài	아오자이

08 Giao thông 교통

Đường 길			
Xe đạp 자전거	Xe máy 오토바이	Xe ôtô 자동차	Xe buýt 버스
Xe ôm 오토바이택시	Xích lô 씨클로	Tàu hỏa = Xe lửa 기차	Thuyền 배

09 Món ăn 요리

Đồ ăn	음식	Đồ uống	음료	Hoa quả	과일
Gạo	쌀	Nước	물	Cam	오렌지
Cơm	밥	Cà phê	커피	Xoài	망고
Phở	쌀국수	Trà	차	Chanh	레몬

10 Ngày lễ 명절, 기념일

Tết	설	Trung thu	중추절(추석)
Bánh chưng	바인 쯩	Không nghỉ	쉬지 않는다
Bánh dày	바인 자이	Dành cho trẻ em	어린이를 위한~
Xông đất	쏭 덧	Trò chơi	장난감
Tiền lì xì	새뱃돈		

26 그 외 기타

01 기본 동물 어휘

Chuột	쥐	Bò	소
Hổ	호랑이	Thỏ	토끼
Rộng	용	Voi	코끼리
Khỉ	원숭이	Mèo	고양이
Chó	개	Gà	닭
Kiến	개미	Lợn	돼지

02 베트남 사람 명함

Nhà Xuất Bản Việt Nam

- -

Nguyễn Thị Thu

Thư ký

Điện thoại văn phòng : 04.123.4567, Di động : 091.234.5678
Nhà riêng : 04.345.1233
Địa chỉ : Số 28, Đường Trần Duy Hưng, Quận Cầu Giấy, Hà Nội, Việt Nam
Email : ntt@gmail.com

베트남 출판사

- -

응웬 티 투

비서

사무실전화 : 04.123.4567, 이동전화 : 091.234.5678
집전화 : 04.345.1233
주소 : 베트남, 하노이시, 꺼우저이군, 쩐 주이흥 거리, 28번지
이메일 : ntt@gmail.com

Đẹp	아름다운, 예쁜	Xấu	못생긴
Cao	높은, 키가 큰	Thấp	낮은, 키가 작은
Nặng	무거운	Nhẹ	가벼운
Đắt	비싼	Rẻ	싼
Bận	바쁜	Rảnh (rỗi)	한가한
Dày	긴	Ngắn	짧은
Rộng	넓은	Hẹp	좁은
Xa	먼	Gần	가까운
To	큰	Nhỏ	작은
Sạch	깨끗한	Bẩn	바쁜
Tối	어두운	Sáng	밝은
Nhanh	빠른	Chậm	느린
Sớm	일찍	Muộn	늦은
Đủ	충분한	Thiếu	부족한
Đông	붐비는	Vắng	인적이 드문
Giỏi	잘하는	Kém	(실력이) 모자라는
Nóng	뜨거운, 더운	Lạnh	차가운, 추운
Ẩm	습한	Khô	건조한
Tốt	좋은	Xấu	나쁜
Ngon	맛있는	Dở	맛없는
Vui	기쁜	Buồn	슬픈
Trẻ	젊은	Già	늙은

필수 문법

01 How to study

Q 문법이니까 어렵지 않나요?

A 수능 베트남어 문법 = 표현

❶ 해석에 필요한 표현과 뜻을 학습!

수능 기초 베트남어 문법은 해석을 위한 표현일 뿐이다.
어순은 크게 중요하지 않다. 어순이 중요한 부분은 선생님이 미리 알려주므로
나머지는 해석하는 방법만 익히자!

❷ 완벽하게 문법을 몰라도 된다!

어떻게 해석하느냐가 중요하다. 선생님은 문법보다는 해석하는 방법에
초점을 두고 강의를 진행한다. 비교급, 최상급과 같은 문법 용어는 몰라도 된다.
자연스럽게 해석할 수 있도록 하자.

❸ 문법에서 문제가 어떻게 나올까?

수능 기초 베트남어 문법 문제는 영어와는 다르게 동사의 변형을 묻거나 하지 않는다.
따라서 문법 공식을 외우기보다는 표현 위주로 익히며 해석하는 것이 중요하다.

02 평서문과 부정문

Point | 베트남어의 기본 문장과 기본 부정 문장의 형태를 알아 둔다.

01 평서문

(1) 형용사 사용 평서문 : 주어 + 형용사(동사 역할로서, 동사처럼 해석한다)

주어	형용사
Tiếng Việt 베트남어는	hay. 재미있다
Hoa 꽃은	đẹp. 아름답다
Cái này 이것은	tốt. 좋다
Phở 쌀국수는	ngon. 맛있다
Cà phê 커피는	ngọt. 달다

(2) 일반동사 평서문 : 주어 + 동사 + 목적어 + 형용사(or 부사)

주어	동사	목적어(or 보어)	형용사(or 부사)
Tôi 나는	học 공부한다	tiếng Việt 베트남어를	hay. 재미있는
Anh Kim 김 씨는	xem 본다	phim. 영화를	buồn. 슬픈
Cô Lee 이 씨는	đọc 읽는다	sách 책을	Việt Nam. 베트남

Em Tuấn	viết	thư	chăm chỉ.
뚜언이는	쓴다	편지를	열심히
Chị Lan	nghe	nhạc	Hàn Quốc.
란 씨는	듣는다	음악을	한국

(3) là 동사 평서문 : 주어 + là + 보어 + 형용사(or 부사)
- '~이다'는 격이나 수에 관계 없이 베트남어로 오직 'là' 하나이다.

주어	là	목적어(or 보어)	형용사(or 부사)
Tớ	**là**	học sinh	nữ.
나는	이다	학생	여
Anh trai	**là**	sinh viên	giỏi.
형(오빠)는	이다	대학생	잘하는
Bạn ấy	**là**	bạn thân	của tôi.
그 친구는	이다	친한 친구	나의

02 부정문

(1) 형용사 부정문 : 형용사가 동사 역할 하므로 단순히 '~가 아니다'로 해석
- không + 형용사 : ~아니다

주어	không	형용사
Tiếng Việt	**không**	hay.
베트남어는	~아니다	재미있다
Hoa	**không**	đẹp.
꽃이	~아니다	아름답다
Cái này	**không**	tốt.
이것은	~아니다	좋다
Phở	**không**	ngon.
쌀국수는	~아니다	맛있다

Cà phê	**không**	ngọt.
커피는	~아니다	달다

(2) 일반 동사 부정문 :

- **không + 동사 : ~아니다(단순히 동사를 부정)**

주어	không	동사	목적어
Tôi	**không**	học	tiếng Việt.
나는	~아니다	공부하다	베트남어를
Anh Kim	**không**	xem	phim.
김 씨는	~아니다	보다	영화를
Cô Lee	**không**	đọc	sách.
이 씨는	~아니다	읽다	책을
Em Tuấn	**không**	viết	thư.
뚜언이는	~아니다	쓰다	편지를
Chị Lan	**không**	nghe	nhạc.
란 씨는	~아니다	듣다	음악을

- **chưa + 동사 : 아직 ~안 했다, 아니다**

주어	chưa	동사	목적어
Tôi	**chưa**	học	tiếng Việt.
나는	아직~아니다	공부하다	베트남어를
Anh Kim	**chưa**	xem	phim.
김 씨는	아직~아니다	보다	영화를
Cô Lee	**chưa**	đọc	sách.
이 씨는	아직~아니다	읽다	책을
Em Tuấn	**chưa**	viết	thư.
뚜언이는	아직~아니다	쓰다	편지를

Chị Lan	chưa	nghe	nhạc.
란 씨는	아직~아니다	듣다	음악을

- là 동사 부정문 : không phải + là : ~가 아니다.

주어	không phải	동사	보어	
Tớ 나는	không phải ~가 아니다	là	học sinh. 학생	
Anh trai 형(오빠는)	không phải ~가 아니다	là	sinh viên. 대학생	
Bạn ấy 그 친구는	không phải ~가 아니다	là	bạn thân 친한 친구	của tôi. 나의

03 의문문

Point 의문문을 만드는 다양한 표현을 숙지하여 해석할 수 있도록 한다.

01 일반동사 의문문

(1) 주어 + (có) + 동사(or 형용사) + (목적어) + không? : ~(동사 or 형용사)합니까?

질문	Anh (có) khỏe không ? 당신은 건강하세요(잘 지내요)?
긍정대답	Có. Tôi khỏe. 네. 저는 건강해요(잘 지내요).
부정대답	không. Tôi không khỏe. 아니요. 저는 건강하지 않아요(잘 못 지내요).

질문	Cô (có) đọc báo **không** ?
	당신은 신문을 읽어요?
긍정대답	**Có**. Tôi đọc báo.
	네. 저는 신문을 읽어요.
부정대답	**Không**. Tôi **không** đọc báo.
	아니요. 저는 신문을 읽지 않아요.

(2) 주어 + **có** + 명사 + **không**? : 주어는 ~를 가지고 있습니까?

질문	Em **có** bút **không** ?
	너는 펜을 가지고 있어?
긍정대답	**Có**. Em có bút.
	네. 저는 펜을 가지고 있어요.
부정대답	**Không có**. Em **không có** bút.
	아니요. 저는 펜이 없어요.

질문	Bạn **có** xe đạp **không**?
	너는 자전거 있어?
긍정대답	**Có**. Mình có xe đạp.
	있어. 나는 자전거 있어.
부정대답	**Không có**. Mình **không có** xe đạp.
	없어. 나는 자전거 없어.

(3) 주어 + (đã) + 동사 + (목적어) + chưa? : ~했습니까? (과거 여부)

질문	**Anh (đã) ăn cơm chưa?** 당신은 식사했어요?
긍정대답	**Rồi.** Tôi **đã** ăn cơm **rồi.** 네. 저는 이미 식사 했어요.
부정대답	**Chưa.** Tôi **chưa** ăn cơm. 아직이요. 저는 아직 식사하지 않았어요.

질문	**Em ấy (đã) đi Việt Nam chưa?** 걔는 베트남 갔어?
긍정대답	**Rồi.** Em ấy **(đã)** đi Việt Nam **rồi.** 네. 걔는 이미 베트남 갔어요.
부정대답	**Chưa.** Em ấy **chưa** đi Việt Nam. 아직이요. 걔는 아직 베트남 가지 않았어요.

02 là 동사 의문문 : 주어는 보어입니까?

(1) 주어 + là + 보어 + phải không?

질문	**Anh là nhân viên công ty, phải không?** 당신은 회사 직원이지요?
긍정대답	**Phải.** Tôi là nhân viên công ty. 네. 저는 회사 직원이에요.
부정대답	**Không phải.** Tôi **không phải** là nhân viên công ty. 아니요. 저는 회사 직원이 아니에요.

(2) 주어 + có phải là + 보어 + không?

질문	**Chị có phải là y tá không?**
	당신은 간호사예요?
긍정대답	**Phải.** Tôi là y tá.
	네. 저는 간호사예요.
부정대답	**Không phải.** Tôi **không phải là** y tá.
	아니요. 저는 간호사가 아니에요.

03 경험을 물어보는 의문문 : 주어 + (đã) + 동사구 + bao giờ chưa?

= (lần nào chưa?) : ～해 본 적 있습니까?

질문	**Bạn đã đi du lịch Việt Nam bao giờ chưa?**
	당신은 베트남 여행가 본 적 있어요?
긍정대답	**Rồi.** Tôi đã đi du lịch Việt Nam 2 **lần / nhiều lần rồi.**
	네. 저는 베트남 여행 두 번 / 여러 번 가봤어요.
부정대답	**Chưa.** Tôi **chưa bao giờ** đi du lịch Việt Nam (**lần nào cả**).
	아직이요. 저는 아직 베트남 (한 번도) 가 본 적 없어요.

04 확신을 가지고 물어보는 의문문 : 주어 + 동사 + 목적어 + chứ?

질문	**Anh ăn phở chứ?**
	당신은 쌀국수 먹지요?
긍정대답	**Có chứ.** Tôi ăn phở.
	그렇고 말고요. 저는 쌀국수 먹어요.
부정대답	Không. Tôi không ăn phở.
	아니요. 저는 쌀국수 먹지 않아요.

05 약간의 놀람이 섞인 의문문 : 주어 + 동사 + 목적어 + à?

질문	Bạn không đi học à?
	너는 학교 안 가니?(으레 가는 줄, 당연히 가야 하는데 안 갔을 때)
	Anh là người Trung Quốc à?
	당신은 중국 사람이에요?(중국 사람으로 생각하지 않았을 때)

04 의문사

Point 베트남어 의문사의 특징은 해당 의문사의 자리에 의문한 답이 온다는 것에 유의한다.

01 Ai 누구(주어 자리에서는 '누가', 목적어 자리에서는 '누구를'로 해석한다.)

(1) 누가 + 동사 + 목적어?

A :	**Ai** mua bánh?
	누가 빵을 사요?
B :	**Han Na** mua bánh.
	한나가 빵을 사요.

(2) 주어 + 동사 + 목적어 + 누구(를)?

A :	Cậu đi với **ai**?
	너는 누구와 가니?
B :	Tớ đi với **em trai**.
	저는 남동생과 가요.

02 Bao giờ / Lúc nào / Khi nào 언제

3개 모두 빈번하게 사용하므로 모두 암기한다. 또한, 이 의문사들은 사용 위치에 따라 시제를 알 수 있으므로, 시제 문제와 결합하여 자주 등장한다.

(1) 주어 + 동사 + 목적어 + 언제? (과거의 언제)

'언제'라는 의문사가 문장 마지막에 사용되면 과거의 언제를 물으므로 굳이 시제 어휘가 없더라도 과거로 해석한다.

A :	Anh đi Thành phố Hồ Chí Minh **bao giờ**?	
	당신은 언제 호찌민 시에 갔어요?	
B :	Tôi đi Thành phố Hồ Chí Minh **hôm qua**.	
	저는 어제 호찌민 시에 갔어요.	

(2) 언제 + 주어 + 동사 + 목적어? (미래의 언제)

'언제'라는 의문사가 문장 앞에 사용되면 미래의 언제를 물으므로 굳이 시제 어휘가 없더라도 미래로 해석한다.

A :	**Bao giờ** em viết thư?	
	언제 너는 편지를 쓰니?	
B :	**Ngày mai** tôi viết thư.	
	내일 저는 편지를 써요.	

03 Đâu 어디 (주어 + 동사 + 목적어 + 어디?)

'어디'라는 의문사는 장소를 물어보는 의문사이므로 대부분 'ở ~에(서)'라는 전치사와 같이 사용된다.

A :	Bạn sống ở **đâu**?	
	너는 어디에서 사니?	
B :	Mình sống ở **Hà Nội**.	
	나는 하노이에서 살아.	
A :	Chị gái của cậu học ở **đâu**?	
	너의 누나(언니)는 어디에서 공부하니?	
B :	Chị gái của tớ học ở **Mỹ**.	
	나의 누나(언니)는 미국에서 공부해.	

04 Gì 무엇 (주어 + 동사 + 목적어 + 무엇?)

A :	Tên em là **gì**?
	너의 이름은 뭐야 ?
B :	Tên em là **Trung** ạ.
	저의 이름은 쭝이에요.
A :	Bạn làm nghề **gì**?
	너는 직업이 뭐니?
B :	Mình **dạy tiếng Việt**.
	나는 베트남어를 가르쳐.

05 Thế nào? 1) 어떻게? 2) 어때요? (주어 + 동사 + 목적어 + 어떻게 / 어때요?)

Thế nào는 2개의 뜻이 있으므로 적절하게 문장에서 해석한다.

A :	Thầy **thế nào** ạ?
	선생님 어떠세요?
B :	Thầy khoẻ.
	선생님은 잘 지내
A :	Em sẽ làm bài này (như) **thế nào**?
	너는 어떻게 이 문제를 풀 거야?
B :	Em sẽ làm bài này với bạn em.
	저는 제 친구와 이 문제를 풀 거예요.

06 Tại sao 왜~?

(1) Tại sao~ 왜 (Tại sao + 주어 + 동사 + 목적어?)

'왜' 의문사는 항상 문장 앞에 위치해야 한다.

A :	**Tại sao** em học tiếng Việt?
	왜 너는 베트남어를 공부하니?
B :	**(Tại, Bởi) vì** em thích học tiếng Việt.
	왜냐하면 저는 베트남어 공부를 좋아해요.

(2) Vì / Tại vì / Bởi vì ~ 왜냐하면 ~하기 때문이다 (왜냐하면 + 주어 + 동사 + 목적어)

3개 모두 빈번하게 사용하므로 모두 암기한다.

A :	**Tại sao** bạn anh không đi học?
	왜 형(오빠)의 친구는 학교에 가지 않아요?
B :	**Vì** bạn tôi bị ốm.
	왜냐하면 나의 친구는 아프기 때문이야.

07 Bao ~? : Bao~로 시작하는 의문형 3가지는 많이 사용되므로 반드시 암기한다.

(1) Bao nhiêu? 얼마나 많이~? (10이상) cf.) Mấy? 몇 (10미만)

• Bao nhiêu tuổi? : 몇 살이에요?

A :	Em **bao nhiêu** tuổi?
	너는 몇살이니?
B :	Em **20** tuổi.
	저는 20살이에요.
A :	Cháu **mấy** tuổi?
	(나이를 물어보는 질문에 10미만에 쓰이는 mấy를 사용했기 때문에 당연히 상대방 호칭도 어린아이에 해당하는 cháu를 사용한다.)
	너(어린아이) 몇 살이야?
B :	Cháu **5** tuổi ạ.
	저는 5살이에요.

• Bao nhiêu tiền? (가격을 물어보는 일반적인 표현) : 얼마예요?

A :	**Bao nhiêu tiền**?
	얼마예요?
B :	15,000 đồng.
	15,000동이에요.

(2) **Bao xa? 얼마나 먼~?**

A :	Từ Seoul đến Busan **bao xa**?
	서울에서 부산까지 얼마나 멀어요?
B :	Từ Seoul đến Busan khoảng **400km**.
	서울에서 부산까지 약 400km야.

(3) **Bao lâu? 얼마나 오래~?**

Bao lâu를 사용하는 의문형은 미묘한 의미상의 차이가 있으므로 반드시 개념을
정리해서 암기한다.

• **Bao lâu rồi?** 얼마나 오래 되었나요? (과거의 지난 시간들)

A :	Bạn đã học tiếng Việt bao lâu **rồi**?
	너는 얼마나 오래 베트남어를 공부했니?
B :	Mình đã học tiếng Việt 3 tháng **rồi**.
	나는 베트남어 공부한 지 3개월 됐어.

• **Bao lâu nữa?** 얼마나 오래 더~? (미래의 다가올 시간들)

A :	Em sẽ ở Việt Nam bao lâu **nữa**?
	너는 얼마나 오래 더 베트남에 머무를 거야?
B :	Em sẽ ở Việt Nam 1 năm **nữa**.
	나는 1년 더 베트남에 머무를 거야.

• **Trong** bao lâu? 얼마나 오랫동안 (기간)

A :	Chị đi du lịch Việt Nam **trong** bao lâu?
	당신은 얼마나 오랫동안 베트남에 여행가요?
B :	Tôi đi du lịch Việt Nam **trong** 15 ngày.
	나는 15일 동안 베트남에 여행가요.

05 시제

베트남어 시제는 동사의 변형이 아닌, '시제 단어+동사'로 결정된다.

01 단순과거 đã ~(rồi) : ～했다

> Tôi **đã** gặp bạn **(rồi)**.
> 나는 친구를 만났어요
>
> Tôi **đã** học tiếng Việt ở Hàn Quốc trong 3 tháng **(rồi)**.
> 나는 3달 동안 한국에서 베트남어를 공부했어요.

02 근접과거 vừa, mới, vừa mới ~(rồi) : 막 ～했다

> Tôi **vừa** gặp bạn **(rồi)**. = Tôi **mới** gặp bạn **(rồi)**. = Tôi **vừa mới** gặp bạn **(rồi)**.
> 나는 막 친구를 만났어요.
>
> Tôi **vừa** sang Việt Nam **(rồi)**. = Tôi **mới** sang Việt Nam **(rồi)**. = Tôi **vừa mới** sang Việt Nam **(rồi)**.
> 나는 막 베트남에 왔어요.

03 현재진행 đang : ～하는 중이다

> Tôi **đang** gặp bạn.
> 나는 친구를 만나는 중이에요.
>
> Bây giờ tôi **đang** thuê nhà.
> 지금 나는 집을 빌리는 중이에요.

04 근접미래 sắp~(rồi) : 곧 ～한다

> Tôi **sắp** gặp bạn (**rồi**).
> 나는 곧 친구를 만나요.
>
> Tôi **sắp** đi ra ngoài (**rồi**).
> 나는 곧 밖으로 나가요.

05 예정된 미래 định : ～할 예정이다, ～하려고 한다

> Tôi **định** gặp bạn.
> 나는 친구를 만날 예정이에요.
>
> Tôi **định** đi thư viện.
> 나는 도서관에 갈 예정이에요.

06 막연한 미래 sẽ : ～할 것이다

> Tôi **sẽ** gặp bạn.
> 나는 친구를 만날 거예요.
>
> Tôi **sẽ** học tiếng Việt chăm chỉ.
> 나는 열심히 베트남어를 공부할 것이에요.

06 조동사(1)

> **Point** 주로 본동사 앞에 위치해서 동사 의미를 돕는다.
> 기본 형태는, 주어 + <u>조동사</u> + 본동사~로 이루어진다.
> 조동사의 부정문은, 주어 + <u>không</u> + 조동사 + 본동사~로 이루어진다.

01 여러 가지 조동사

- muốn : 원하다

> **Tớ muốn học tiếng Việt giỏi.**
> 나는 베트남어 공부를 잘하고 싶어요.
>
> **Em gái của tớ muốn đi chơi với cậu.**
> 나의 여동생은 너와 함께 놀러 가고 싶어해.

- nên : ~하는 편이 낫다

> **Anh ấy nên đi làm việc sớm.**
> 그는 일찍 일하러 가는 편이 낫겠어요.
>
> **Chị ấy không nên uống cà phê.**
> 그녀는 커피를 마시지 않는 편이 낫겠어요.

- phải : ~해야 한다

> **Cô Kim phải đi bệnh viện.**
> 김 씨는 병원에 가야 해요.
>
> **Mình phải viết thư cho gia đình của mình.**
> 나는 나의 가족에게 편지를 써야 해요.

- cần : ~필요하다

> **Cô ấy cần mua rau qủa tươi.**
> 그녀는 신선한 야채와 과일을 살 필요가 있어요.
>
> **Anh ấy cần đọc báo hàng ngày.**
> 그는 매일 신문을 읽을 필요가 있어요.

- xin : 신청하다, 또는 영어의 'please~'

> **Xin** cảm ơn.
> 감사합니다.
>
> **Xin** chờ một chút.
> 조금 기다리세요.

- đề nghị : 제안하다

> Tôi **đề nghị** anh im lặng.
> 저는 당신이 조용하기를 제안해요.

- làm ơn : 상대에게 부탁할 때 쓰는 공손한 표현

> Chị **làm ơn** giúp em.
> 언니(누나) 나를 도와주세요.

- cho phép : 허가 / 허락해 주다

> Cô **cho phép** tôi nghỉ mấy ngày.
> 선생님 제가 며칠 쉬게 허락해 주세요.

- yêu cầu : 요구하다

> Anh ấy **yêu cầu** tôi thăm nhà cô giáo.
> 그는 내가 선생님 집을 방문하기를 요구해요.

02 가능성을 나타내는 조동사

가능성을 나타내는 조동사는 의미상의 미묘한 차이가 있으므로 구분해서 사용한다.

(1) 의문문 : 동사 + 목적어 + (có) + được không? : ~할 수 있습니까(가능합니까)?

문장 끝에 ~(có) được không?이 오면 ~가능합니까?로 해석한다.

> Tôi dùng cái này **(có) được không**?
> 내가 이것을 사용할 수 있어요?

(2) 긍정

- **có thể** + 동사 : ~할 수(도) 있다. (약 70%의 가능성만 내비친다.)

> Vợ tôi **có thể** đến muộn.
> 우리 부인은 늦게 올 수도 있어.

- **(có thể)** + 동사 + **được** + 목적어 : ~할 수 있다(가능하다). (100% 확신)

> Tôi **có thể** nói **được** tiếng Việt.
> 나는 베트남어를 말할 수 있어요.
>
> Con gái tôi **có thể** đánh **được** piano.
> 우리 딸은 피아노를 칠 수 있어요.

(3) 부정

- **không thể** + 동사 + **được** : ~할 수 없다 (단순 불가능)

> Tôi **không thể** nghỉ ở nhà **được**.
> 나는 집에서 쉴 수 없어요.
>
> Chúng tôi **không thể** đến đó **được**.
> 우리들은 거기에 갈 수 없어요.

- **không** + 동사 + **được** + 목적어 : ~못 하다

> Tôi **không** nói **được** tiếng Việt.
> 나는 베트남어를 못해요.
>
> Tôi **không** ăn **được** cái này.
> 나는 이것을 못 먹어요.

- **không được** + 동사 + 목적어 : ~하면 안 된다

> Tôi **không được** đi đâu.
> 나는 어디 가면 안 돼요.
>
> Tôi **không được** vào nhà.
> 나는 집에 들어가면 안 돼요.

> **Point** 수동태의 조동사인 được과 bị는 수동태의 조동사 역할뿐만 아니라 다른 뜻도 있으므로 구분해서 숙지해야 한다.

01 수동태의 조동사

(1) Được : 주로 주어 입장에서 <u>유리한 경우</u> 사용한다.

- **Được** + 명사 : 좋은 것을 '얻다', '획득하다' 의미

> Tôi **được** 100 điểm.
> 나는 100점 받았어요.

- **Được** + 동사 : ~하게 되다 (수동)

> Tôi **được nghỉ** 1 tuần.
> 나는 일주일 쉬게 돼요.

- 동사 + **được** : ~할 수 있다 (가능)

> Chúng tôi **nói được** tiếng Việt.
> 우리는 베트남어를 말할 수 있어요.

- 주어 + **được** + 대상 + 행위 : 주어가 대상으로부터 행위를 받았다

> Tôi **được** bố mẹ khen.
> 나는 부모님으로부터 칭찬을 받았어요.

(2) Bị : 주로 주어 입장에서 <u>불리한 경우</u> 사용한다. 사고, 재난, 병원 등의 예문에 주로 등장한다.

- **Bị** + 명사 : 안 좋은 것을 '얻다', '당하다' 의미

> Tôi **bị** điểm thấp.
> 나는 낮은 점수를 받았어요.
>
> Tôi **bị** cảm.
> 나는 감기에 걸렸어요.
>
> Tôi **bị** tai nạn.
> 나는 사고를 당했어요.

- **Bị + đau + 신체 명칭** : 해당 신체 부위가 아프다

> Tôi **bị** đau bụng.
> 나는 배가 아파요.

- **주어 + bị + 대상 + 행위** : 주어가 대상으로부터 행위를 당하다

> Tôi **bị** cô giáo phê bình.
> 나는 선생님으로부터 비판을 받았어요.

02 hết, xong 조동사 : '끝내다'를 뜻하는 두 조동사는 미묘한 의미 차이가 있으므로 반드시 암기한다.

(1) 동사 + hết : 남김없이 다 하다

> Tôi ăn **hết** rồi.
> 나는 (남김없이) 다 먹었어요. (접시에 음식이 남아있지 않다.)
>
> Em làm **hết** đi.
> 너는 (남김없이) 다 해라.
>
> Con uống **hết** rồi ạ.
> 저(자녀) (남김없이) 다 마셨어요.

(2) 동사 + xong : 끝마치다 (단순 행위의 완료)

> Tôi ăn **xong** rồi.
> 저는 다 먹었어요. (접시에 음식이 남아있는지 아닌지 모르지만 주어는 먹는 행위를 마쳤다.)
>
> Em làm **xong** đi.
> 너 끝내라.
>
> Con uống **xong** rồi a.
> 저 다 마셨어요.

(3) **Hết** + 명사 : 다 떨어지다, 소진되다

> **Hết** nước.
> 물이 다 떨어졌다.
>
> **Hết** vé.
> 표가 다 떨어졌다. (매진)
>
> Máy này **hết** mực rồi.
> 이 기계는 잉크가 다 떨어졌다.

03 그 외 조동사

다음의 조동사 역시 본동사 앞, 뒤에서 빈번하게 사용되므로 반드시 암기한다.

(1) 동사 + **Thêm** : ~더 하다

> **Ăn thêm.**
> 더 먹다.
>
> **Học thêm.**
> 공부를 더 하다.

(2) **Tiếp tục** + 동사 (= 동사 + **tiếp**) : 계속하다

> **Tiếp tục** đi.
> 계속 가다.
>
> **Ăn tiếp.**
> 계속 먹다.

(3) 동사 + **thử** (xem) : 한번 해 보다

> **Mặc thử (xem).**
> (시험 삼아) 한번 입어 보다.
>
> **Ăn thử (xem).**
> (시험 삼아) 한번 먹어 보다.

(4) 동사 + giúp : 대신 ~해 주다(도와주다)

> Gọi tắc xi **giúp**.
>
> (대신) 택시 불러 주다
>
> Hỏi **giúp**.
>
> (대신) 물어봐 주다

08 정도 표현

Point | 베트남어 정도 표현에서는 사용되는 위치가 중요하므로 반드시 어순 및 위치를 확인해야 한다.

01 빈도 표현 : 주어 + 빈도 + 동사 (빈도 위치가 중요하다.)

빈도 표현	예시
Ít khi 거의 ~하지 않다	Ông ấy **ít khi** ăn sáng. 그는 거의 아침을 먹지 않아요.
Thỉnh thoảng 가끔, 때때로	Bà ấy **thỉnh thoảng** sang Mỹ. 그녀는 가끔 미국에 가요.
Hay 자주	Anh ấy **hay** đi đá bóng. 그는 자주 공을 차러 가요.
Thường 보통	Chị ấy **thường** gặp nó. 그녀는 보통 그를 만나요.
Thường xuyên 늘상	Tôi **thường xuyên** học tiếng Việt. 나는 늘상 베트남어를 공부해요.
Luôn (luôn) 항상	Chị **luôn (luôn)** uống cà phê không? 당신은 항상 커피를 마셔요?

02 정도 표현 : 위치가 매우 중요하다.

(1) 형용사 앞에 위치하는 부사

정도 표현	예시
Rất 아주	Tôi **rất** thích hoa. 나는 꽃을 아주 좋아해요.
Hơi 약간	Cái này **hơi** cay. 이것은 약간 매워요.
Khá 꽤	Anh ấy nói tiếng Việt **khá** giỏi. 그는 베트남어를 꽤 잘해요.
Thật 정말	Bệnh này **thật** nguy hiểm. 이 병은 정말 위험해요.
Quá 너무(지나치게, 반어적)	Nó **quá** tốt. 그는 너무 좋아요. (지나치게 좋은 사람이라 어수룩한, 별로인)

(2) 형용사 뒤에 위치하는 부사

정도 표현	예시
Lắm 아주	1) Họ bán đắt **lắm.** 　그들은 아주 비싸게 팔아요. 2) Cái này không tốt **lắm.** 　이것은 별로 좋지 않아요. ＊ Lắm 부사는 형용사나 동사 뒤, 또는 문장 마지막에 쓰인다. 　부정문에서 Lắm은 '그다지, 별로' 의미
Quá 아주	Em vui **qúa.** 저는 아주 기뻐요.
Thật 진짜	Cô ấy đẹp **thật!** 그녀는 진짜 예뻐요! (감탄)

03 수량 표현 : 형용사적인 수량이지만 동사로도 바로 사용된다. (베트남어의 특징)

수량 표현	예시
Ít 적은	Tôi ăn **ít**. 나는 적게 먹어요.
Nhiều 많은	**Nhiều** người thích đi du lịch Việt Nam. 많은 사람들이 베트남 여행가기를 좋아해요.
Thiếu 부족한	Mình **thiếu** tiền. 저는 돈이 부족해요.
Đủ 충분한	Tôi không **đủ** thời gian. 저는 시간이 충분하지 않아요.
Đầy 가득 찬	Cốc này **đầy** đá. 이 컵은 얼음으로 가득 찼어요.
Thừa 남는, 잉여의	Ở đây **thừa** bàn ghế. 여기는 책상과 의자가 남아요.
Đông 붐비는	Phố Hà Nội **đông** người. 하노이 거리는 사람으로 붐벼요.
Vắng 인적이 드문	Thành phố ấy **vắng**. 그 도시는 인적이 드물어요.

04 추측 표현

추측 표현	예시
Chắc (chắn) 확실히, 분명히 (100%)	**Chắc chắn** tớ sẽ đến. 분명 나는 도착할 거예요.
Hình như ~인 것 같다 (약 70%)	**Hình như** trời mưa. 비가 올 것 같아요.
Có lẽ 아마도 (약 50%)	**Có lẽ** bạn ấy sẽ ở nhà. 아마도 그 친구는 집에 있을 거예요.

09 대명사

> **Point** 지시대명사와 지시형용사가 비슷하여 혼동이 올 수도 있으므로 우선 지시형용사 이해를 바탕으로 반드시 숙지해야 한다.

01 지정 대명사

(1) 지시형용사

'이', '저', '그'에 해당하는 형용사로 주로 명사 뒤에서 수식한다. 지시형용사도 형용사의 한 종류이기 때문이다. (형용사가 명사 뒤에서 수식하는 베트남어의 특징)

지시형용사	이	저	그
	này	kia	đó

예시	hoa này 이 꽃	phở kia 저 쌀국수	Người đó 그 사람

(2) 지시대명사

한 개의 지시대명사는 3개 이상의 의미를 가지므로 매우 중요하고 반드시 암기해야 한다. 지시대명사는 주로 문장 앞에 사용되고, 동사 là 이하 단어를 보고 3개의 뜻 중 하나로 해석하면 쉽다.

지시대명사	Đây	Kia	Đó	Đấy
사람 사물 장소	이 사람 이것 이 곳(여기)	저 사람 저것 저 곳(저기)	(그 사람) 그것 그 곳	 그것 거기

> 예시
> Đây là mẹ của tôi. 이 사람은 나의 엄마예요.
> Kia là công viên. 저기는 공원이에요.
> Đó là quà sinh nhật của tôi. 그것은 나의 생일선물이에요.

> 참고 Đấy 1) Đấy là nhà Thu, phải không? (전화상) 전화상에서 đấy는 상대방 쪽을 가리킨다.
> 거기는 투 집이에요?
>
> 2) Anh đi đâu đấy? (강조) 문장 끝에 đấy는 주로 강조 의미이므로 해석에는 영향을 미치지 않는다.
> 당신은 어디 가요?

02 상황 대명사 : 앞에 나온 내용과 중복을 피하기 위해 사용한다.

상황 대명사	예시
(Như) thế = (Như) vậy 이렇게, 그렇게	Đắt thế? 그렇게 비싸요? Làm như thế là sai. 그렇게 하는 것은 틀렸어요.
Vì thế = Vì vậy 그렇기 때문에, 그래서	Vì thế,tôi không đi. 그래서, 나는 안 가요.
Cũng thế = Cũng vậy 역시 그래요	Ai cũng thế. 누구나 그래요.
Thế này 이렇게	Đừng làm thế này. 이렇게 하지 마세요.
Thế kia 저렇게	Tôi viết thế kia à? 제가 저렇게 쓰나요?
Thế đó 그렇게	Chúng tôi làm bài này thế đó. 우리는 그렇게 이 문제를 풀어요.

10 접속사

Point 단어와 단어 or 문장과 문장을 이어 주는 일반 접속사는 어휘의 개념으로 이해하여 숙지해야 한다.

01 Và : 그리고, ∼와

> Tôi **và** anh cùng đi học.
> 나와 형(오빠)은 같이 공부하러 가요.
>
> Chúng tôi đi du lịch Hà Nội **và** Thành phố Hồ Chí Minh.
> 우리는 하노이와 호찌민 시 여행을 가요.

02 Nhưng : 그러나, 하지만

Em gái tôi thích tập thể dục **nhưng** tôi không thích đâu.
내 여동생은 운동을 좋아하지만 나는 좋아하지 않아요.

Chúng tôi cần thăm nhà cô **nhưng** không biết nhà cô ở đâu.
우리는 선생님 집을 방문할 필요가 있지만 선생님 집이 어디인지 몰라요.

03 Thế (thì) : 그렇다면

Thế, tôi phải làm thế nào?
그렇다면, 제가 어떻게 해야 해요?

Thế thì chúng mình không lo nữa.
그렇다면 우리는 더 이상 걱정하지 않아요.

04 Còn : 그러면, 반면 (Còn + 대상 + 동사~? 형태일 경우에만 해당된다.)

Còn anh thì sao?
그러면 당신은 어때요?

Còn bạn thích màu gì?
그러면 너는 무슨 색을 좋아해?

05 ~mà~thế? : ~길래 / ~인데 그렇게 ~해요?

Anh biết **mà** sao hỏi **vậy**?
당신은 아는데 왜 그렇게 물어요?

Có gì **mà** nặng **thế**?
뭐가 있길래 그렇게 무거워?

06 둘 중 하나를 선택하는 접속사

(1) Hay, Hoặc : 또는, 아니면

> **Anh yêu cô này hay cô kia?**
> 당신은 이분을 사랑해요 아니면 저분을 사랑해요?
>
> **Em co thể đi thư viện A hoặc B.**
> 저는 A 또는 B 도서관에 갈 수(도) 있어요.

(2) A hay B ? : A 아니면 B? (선택의문문) *선택의문문을 만들 때 반드시 hay만 사용이 가능하다.

> **Bạn thích học tiếng Việt hay tiếng Anh?**
> 너는 베트남어 공부를 좋아하니 아니면 영어를 좋아하니?

07 Nhân dịp : ~인 김에, ~를 맞이하여

> **Nhân dịp** tết, chúng tôi thăm ông bà.
> 설을 맞이하여, 우리는 할아버지, 할머니를 방문해요.
>
> **Nhân dịp** sinh nhật, tôi mở tiệc.
> 생일인 김에 나는 파티를 열어요.

08 Bằng : ~로써 (방법, 수단)

> Tôi đến công ty **bằng** xe máy.
> 나는 오토바이로 회사에 와요.
>
> Túi xách này làm **bằng** da.
> 이 가방은 가죽으로 만들어졌어요.

09 Nhờ : ~덕분에

Nhờ anh, tôi đã ăn ngon rồi.
당신 덕분에, 저는 맛있게 먹었어요.

Nhờ chị, chúng tôi đã làm lành.
당신 덕분에, 우리는 화해했어요.

10 Hơn nữa : 더구나

Hơn nữa, tiếng Việt không khó.
더구나, 베트남어는 어렵지 않아요.

Hơn nữa, tôi ăn khỏe.
더구나, 나는 잘 먹어요.

11 Ngoài ra : 게다가

Ngoài ra, anh ấy thích đá bóng.
게다가, 그는 공 차는 것을 좋아해요.

Ngoài ra, chúng tôi thân nhau.
게다가, 우리는 서로 친해요.

12 ~Cũng được : ~해도 가능하다(상관없다, 괜찮다, 그래도 된다)

Đi đâu **cũng được**.
어디 가든지 상관없어.

Cái gì **cũng được**.
무엇이든지 상관없어.

13 ～(조건) ~mới được : ～해야 비로소 가능하다

Dọn phòng **mới được**.
방을 청소해야만 비로소 가능해.

Tìm sách **mới biết được**.
책을 찾아야만 비로소 알 수 있어.

14 ~đã : (우선) ～하고요　＊문장 마지막에 사용되는 đã는 시제가 아니다.

Học tiếng Việt **đã**.
(우선) 베트남어 공부 하고요.

Để tôi nghĩ một chút **đã**.
제가 조금 생각 좀 하고요.

15 A(,) rồi B : A 하고 나서 B 해요 (순차적 해석)　＊문장 중간에 rồi는 시제가 아니다.

Chúng tôi thi môn tiếng Anh **rồi** thi môn toán.
우리는 영어 과목 시험 치고 나서 수학 과목 시험을 쳐요.

Em tập thể dục, **rồi** ăn cơm.
저는 운동하고 나서, 밥을 먹어요.

16 ~luôn : 바로 ～하다

Tôi về nhà **luôn**.
나는 바로 집에 (돌아)가요.

Tôi hỏi **luôn**.
나는 바로 질문해요.

17   A chứ không B : A이지 B가 아니다

> Người Việt dùng đũa **chứ không** dùng thìa.
> 베트남 사람은 젓가락을 사용하지 숟가락을 사용하지 않아요.
>
> Tôi gọi tên thật của anh ấy **chứ không** gọi biệt danh.
> 저는 그의 진짜 이름을 부르지 별명을 부르지 않아요.

18   Lại : 다시, 또, 재개하다

(1) 동사 + lại : 다시 (한번 더)

> Tôi muốn gặp **lại** chị ở đây.
> 저는 여기에서 당신을 다시 만나고 싶어요.

(2) Lại + 동사 : 다시금 재개하다

> Chúng ta ăn món này rồi, **lại** ăn món kia.
> 우리는 이 음식 먹고 나서 (다시금) 저 음식을 먹어요(재개해요).

(3) Lại + 동사 : 의아하게도 (어떤 일이 예상과 반대로 일어나 놀람)

> Sao bạn **lại** nói thế?
> 왜 너는 그렇게 말해? (그렇게 말할 줄 몰랐음)

19   Vào : ~에

(1) Vào + 시간 명사 : (시간) ~에

> **Vào** mùa đông
> 겨울에
>
> **Vào** thứ hai tuần sau
> 다음주 월요일에

(2) Ghi / Điền / Viết + vào : ~에 기록하다 / 기입하다 / 쓰다

> Anh ghi địa chỉ **vào** đây.
> 당신은 여기에 주소를 기록해요.

20 Lúc + 시각 : (몇 시) ~에

> **Lúc** 1giờ
> 1시에
>
> **Lúc** 5giờ rưỡi
> 5시 반에

21 Về : ~에 대하여, 관하여

> Chúng tôi đang nói chuyện **về** văn hoá Việt Nam.
> 우리는 베트남 문화에 대해 이야기하는 중이에요.

11 상관접속사

Point 짝을 이루는 접속사 표현으로, 출제 빈도 100%이므로 반드시 암기한다.

01 Từ A đến B : A에서 B까지 (시간, 공간)

Từ Busan **đến** TP. HCM bao xa?
부산에서 호찌민 시까지 얼마나 멀어요?

Từ 7giờ **đến** 9giờ chúng ta học tiếng Việt.
7시부터 9시까지 우리는 베트남어를 공부해요.

02 Nếu A thì B : 만약에 A하면 B하다

Nếu tôi bị ốm **thì** tôi không đi làm việc.
만약 내가 아프면 나는 일하러 가지 않아요.

참고 * Giá A thì B 만약 A했더라면 B했을 텐데… 과거의 후회나 원망을 나타낼 때 쓰는 표현
Giá ngủ dậy sớm hơn thì tốt quá rồi.
만약 더 일찍 일어났더라면 아주 좋았을 텐데…

03 Vừa A vừa B : A하면서 B하다 (동시성)

Con trai tôi **vừa** đẹp trai **vừa** ngoan.
내 아들은 잘생기기도 하고 착하기도 해요.

Tôi **vừa** uống trà **vừa** uống cà phê.
나는 차를 마시면서 커피를 마셔요.

04 **Không những A mà còn B = Đã A lại còn B : A일 뿐만 아니라 B하기까지 하다**

Anh ấy **không những** đẹp trai **mà còn** học giỏi nữa.
그는 잘생겼을 뿐만 아니라 공부까지 잘해요.

Quyển tạp chí này **không những** có ích **mà còn** thú vị.
이 잡지는 이익이 있을 뿐만 아니라 재미있기까지 해요.

05 **Càng A càng B : A할수록 B하다**

Càng học tiếng Việt **càng** hay.
베트남어는 공부할수록 재미있어요.

Càng ngày **càng** xinh.
날이 갈수록 예뻐요.

06 **주어 + chỉ + 동사구 + thôi : 단지 ~할 뿐이다**

Tôi **chỉ** nói được tiếng Anh **thôi**.
나는 단지 영어만 말할 수 있을 뿐이에요.

Chúng em **chỉ** chơi bóng đá **thôi**.
저희들은 단지 축구만 해요.

07 **(Mặc) dù A nhưng B = Tuy A nhưng B : 비록 A하지만 B하다**

Mặc dù không biết nước Việt Nam **nhưng** tôi vẫn học tiếng Việt.
비록 베트남 나라를 모르지만 나는 여전히 베트남어를 공부해요.

Tuy không thích bạn ấy **nhưng** chúng tôi vẫn còn gặp nó.
비록 그 친구를 좋아하지 않지만 우리는 여전히 그를 만나요.

08 (Tại, Bởi) Vì A(원인) nên B(결과) = Sở dĩ B(결과) là vì A(원인)

: A때문에 B하다 = B하는 것은 A하기 때문이다

> **Vì** mệt quá **nên** tôi muốn nghỉ ở nhà.
> 피곤해서 나는 집에서 쉬고 싶어요.
>
> **Sở dĩ** tôi muốn nghỉ ở nhà **là vì** mệt quá.
> 내가 집에서 쉬는 것은 피곤하기 때문이에요.

09 (A) cách B : (A)는 B로부터 떨어져 있다

> Seoul **cách** Busan khoảng 500km.
> 서울은 부산으로부터 약 500km 떨어져 있어요.

> * Cách đây + 시간 : 지금으로부터 시간
> Cách đây 5 tiếng trước. 지금으로부터 5시간 전.
> * Cách đây + 거리 : 여기에서부터 거리
> Cách đây 10 km sau. 여기에서부터 10km 후.

10 Được + 해당 기간 + rồi : 해당 기간이나 시간이 지났다, 흘렀다, 되었다

> Tôi về Hàn Quốc **được** 3 tháng **rồi**.
> 나는 한국에 돌아온 지 3개월이나 지났다(흘렀다. 되었다).
>
> Bà tôi **được** 80 tuổi **rồi**.
> 나의 할머니는 80세가 되었어요.

11 Không phải là A mà là B : A가 아니라 B이다

> Tôi **không phải là** học sinh **mà là** sinh viên.
> 나는 학생이 아니라 대학생이에요.
>
> Mẹ tôi **không phải là** giáo viên **mà là** y tá.
> 나의 엄마는 교사가 아니라 간호사예요.

12 Cả A và B : A와 B 둘 다

> Em thích **cả** nước cam **và** nước chanh.
> 저는 오렌지 주스와 레몬 주스 둘 다 좋아해요.
>
> Em trai tôi nói được **cả** tiếng Việt **và** tiếng Anh.
> 내 남동생은 베트남어와 영어 둘 다 말할 수 있어요.

12 전치사

Point 명사를 꾸며 주는 전치사, 전치사+명사 형태를 이해하고 각종 전치사를 암기한다.

01 Trước : 앞, 전, 먼저

Trước cửa 문 앞에	**Trước** công ty 회사 앞에

02 Sau : 뒤, 후, 나중

Sau giờ học 수업 후	**Sau** trường 학교 뒤

03 Trên : 위

Trên bàn 책상 위	**Trên** ti vi 티비 위

04 Dưới : 아래

Dưới ghế 의자 아래	**Dưới** giường 침대 아래

05 Trong : 안

Trong túi xách 핸드백 안	**Trong nhà** 집 안

> 참고　＊ Trong + 기간 : 기간 동안
> 　　　　Trong 3 tháng 3달 동안

06 Ngoài : 밖

Ngoài sân 베란다 밖	**Ngoài** công ty 회사 밖

07 Đối diện : 맞은 편

Đối diện nhà tôi có bệnh viện.
우리 집 맞은 편에 병원이 있어요.

Đối diện công viên có 1 cây.
공원 맞은 편에 나무 하나가 있어요.

08 Giữa : 가운데, 사이, 중간

Giữa thành phố có hồ to.
도시 가운데 큰 호수가 있어요.

Giữa anh và tôi có 1 vấn đề.
당신과 나 사이에 하나의 문제가 있어요.

09 Xung quanh : 주변, 둘레

Xung quanh nhà có nhiều quán ăn.
집 주변에 식당이 많아요.

Xung quanh rạp phim không có bưu điện.
극장 주변에 우체국이 없어요.

10 bên cạnh : 옆

Bên cạnh trường học có nhà sách.
학교 옆에 서점이 있어요.

Nhà tôi ở **bên cạnh** ngân hàng.
우리 집은 은행 옆에 있어요.

11 (Bên, phía) phải : 오른쪽(오른편)

Anh sẽ thấy thư viện **bên phải**(= **phía phải**).
당신은 오른쪽에 도서관이 보일 거예요.

Em đi thẳng rồi sẽ tìm được nhà to **phía phải**.
너는 직진하고 나서 오른편에 큰 집을 찾을 수 있을 거야.

12 (Bên, phía) trái 왼쪽(왼편)

Anh rẽ **trái** đi.
왼쪽으로 도세요.

Các bạn đứng **phía trái**.
여러분 왼쪽에 서세요.

13 때를 나타내는 부사구

Point 때를 나타내는 다양한 부사구 형태인 'Khi + 동사'를 숙지하고 예문을 통해 문장 해석 능력을 키운다.

01 Khi, Lúc + 동사 : ～할 때

Khi đi học, anh đi bằng gì?
학교 갈 때, 당신은 뭐 타고 가요?

Lúc tôi gặp anh ấy, tôi thấy rất vui.
내가 그를 만날 때, 나는 아주 기쁨을 느껴요.

02 Mỗi khi + 동사 : ～할 때마다

Mỗi khi uống sữa, tôi bị đau bụng.
우유 마실 때마다, 나는 배가 아파요.

Mỗi khi học bài, tôi hay buồn ngủ.
공부 할 때마다, 나는 자주 졸려요.

03 Trước khi + 동사 : ～하기 전에

Trước khi đi ngủ, tôi đọc sách.
자러 가기 전에, 나는 책을 읽어요.

Trước khi đi ra ngoài, tôi chuẩn bị lâu.
밖에 나가기 전에, 나는 오래 준비해요.

04 Trong khi + 동사 : ～하는 중에

Trong khi ăn cơm, gia đình tôi thích nói chuyện với nhau.
밥 먹는 중에, 나의 가족은 서로 이야기하는 것을 좋아해요.

Trong khi học tiếng Việt, tôi rất tập trung.
베트남어 공부하는 중에, 나는 아주 집중해요.

Sau khi + 동사 : ∼한 이후에

> **Sau khi** thi xong, chúng tôi sẽ đi du lịch Việt Nam.
> 시험이 끝난 이후에, 우리는 베트남 여행 갈 거예요.
>
> **Sau khi** đi làm, tôi đi tập thể dục.
> 일을 한 후에, 나는 운동 가요.

14 명령문과 권유문

> Point 명령문과 부정 명령문, 권유문에 해당하는 표현을 숙지하고 해석하는 방법을 터득한다.

01 일반 명령문 주어 + (hãy) + 동사 + đi! ∼해라!

hãy는 생략 가능하므로 '평서문 + đi' 형태로 주로 사용된다.
문장 끝 đi는 '가다'라는 동사의 뜻이 아니라 명령형이다.

> Chị **hãy** đọc **đi**.
> 언니(누나) 읽으세요.
>
> Con làm bài tập **đi**.
> 얘(자녀) 숙제 해라.

02 부정 명령문

부정 명령 đừng이 '∼하지 마라'라는 뜻의 부정 명령형이므로 문장 끝에 명령형 đi는
붙이지 않는다.

(1) 주어 + đừng + 동사 : ∼하지 마라

> Chị **đừng** gặp nó.
> 언니(누나) 그를 만나지 마세요.
>
> Cậu **đừng** hỏi gì nữa.
> 너 더 이상 묻지 마.

(2) Cấm + 동사 : ～금지 (주로 문어체에 푯말이나 벽보에 쓰인다.)

> **Cấm** hút thuốc lá.
> 금연
>
> **Cấm** hái hoa.
> 꽃을 꺾지 마시오.

03 권유문

(1) 주어 + 동사 + nhé : ～하세요, ～합시다, ～알겠죠 네?

> **Anh** đến nhà tôi ăn cơm **nhé.**
> 당신 우리 집에 와서 식사하세요.

(2) Chúng ta + 동사 + đi (= nhé) : 우리(나 + 너) + 동사 + ～해라 = ～하자

문장 끝 **đi**는 원래 명령형이지만 주어에 우리(나 + 너)가 포함된 문장에서는 '～하
자'라고 해석한다.

> **Chúng ta đi đi. (= Chúng ta đi nhé.)**
> 우리(나 + 너) 가라 → 우리 가자
>
> **Anh và tôi đi uống cà phê đi.**
> 당신과 나 커피 마시러 갑시다.
>
> **Chúng ta đi xem phim nhé.**
> 우리(나 + 너) 영화 보러 가자.

 * Chúng tôi(= Chúng em) đi đi. (X) 우리(나 + 제3자) 가라. (X)
주어가 chúng tôi이고 명령형 ～đi로 끝나는 문장은 존재하지 않는다!

15 비교급

> **Point** 비교급의 종류를 파악하고, 표현을 숙지하여 해석할 수 있도록 한다.

01 동등비교 Bằng : ~만큼 (= Như ~처럼)

> **A + 형용사 + Bằng(= Như) + B : A는 B만큼(처럼) ~하다**

Anh Park cao **bằng** tôi.

= Anh Park cao **như** tôi.

박 씨는 나만큼 키가 커요.

= 박 씨는 나처럼 키가 커요.

Mùa đông Hà Nội lạnh **như** mùa đông Hàn Quốc.

하노이의 겨울은 한국의 겨울처럼 추워요.

Tôi và MINA cao **bằng nhau.**

나와 미나는 키가 서로 같아요.

02 우등비교 Hơn : ~보다 더

> **A + 형용사 + Hơn + B : A는 B보다 더 ~하다**

Cô Kim đẹp **hơn** cô Lee.

김 씨는 이 씨보다 더 예뻐요.

Mùa hè Việt Nam nóng **hơn** mùa hè Hàn Quốc.

베트남의 여름은 한국의 여름보다 더 더워요.

Tôi **hơn** em gái tôi 5 tuổi.

나는 내 여동생보다 다섯 살 더 많아요.

＊나이를 말할 때 hơn은 nhiều hơn(더 많다)의 의미로 해석한다.

Em ấy **ít hơn** mình 2 tuổi.

      = kém

걔는 나보다 2살 더 적어요.

        = 부족해요.

03 최상급 Nhất : 가장 (= hơn cả = hơn hết)

A + 형용사/동사 + Nhất (= hơn cả = hơn hết) : A는 가장 ～하다

> Em Hoa ngoan **hơn hết.**
> 호아가 제일 착해요.
>
> Tôi thích mùa thu **nhất.**
> 나는 가을을 가장 좋아해요.

16 종별사

| Point | 종별사의 사용 방법과 순서를 이해한다.

01 종별사의 사용 방법

- 명사 앞에 종류별로 붙게 되는 종별사는 단위처럼 해석이 가능하다.
- 종별사에서 중요한 점은 사용 순서와 해석하는 방법이다.
- 반드시 개념 어휘 〈쇼핑과 종별사〉편에서 종별사를 이해하여야 한다.

(1) 숫자와 함께 쓰일 때

주로 개수를 세게 될 때이므로 숫자와 종별사를 함께 씀으로써 단위처럼 해석이 가능하다.

> Tôi mua 2 **quyển** từ điển.
> 나는 사전 2권을 사요.
>
> Tôi có 1 **cái** ghế.
> 나는 의자 1개를 가지고 있어요.

(2) 동사 là의 뒤에서

동사 là의 뒤에서 사용하여 해당 명사의 종류를 명확하게 구별시켜 준다.

> **Đây là cái ti vi.**
> 이것은 티비예요.
>
> **Kia là quyển từ điển Hàn - Việt**
> 저것은 한−베 사전이에요.

(3) 지시형용사 Này(이), Kia(저), Đó(그)와 함께 쓰일 때

지시형용사 앞에 명사가 오게 되고 그 앞에는 종별사를 사용함으로써 해당 명사의 종류를 구별시켜 준다.

> **Con** khỉ này   이 원숭이
> **Cái** bút chì kia   저 연필
> **Quyển** sách đó   그 책

(4) 절이 앞의 명사를 수식할 때

관계대명사절에서 뒤의 절이 앞의 명사를 수식하는 경우, 이 명사의 종류를 명확하게 구별시켜 준다.

> **Mình đang sử dụng chiếc vi tính bạn mượn cho mình.**
> 나는 네가 나에게 빌려준 컴퓨터를 사용하는 중이야.
>
> **Em sẽ đi đổi cái áo anh tặng em.**
> 나는 형(오빠)가 나에게 선물한 옷을 바꾸러 갈 거예요.

> 참고   * 종별사는 간혹 생략되기도 한다

02 종별사의 사용 순서

- 종별사를 사용할 경우 그 순서가 매우 중요하므로, 앞의 발음만 따서 반드시 순서를 외우자! (수+종+명+형+지)
- 사용 순서는 **숫자** + **종별사** + **명사** + **(형용사)** + **(지시사)**와 같다.
  숫자 + **종별사** + **명사** 사용이 기본이나, 꾸며 주는 형용사나 지시사가 올 경우 뒤에서 수식해 준다.

> 3 quyển sách hay này 이 재미있는 책 3권은
> 1 cốc cà phê ngon 맛있는 커피 1잔
> 2 chiếc áo xanh kia 저 푸른 옷 2개

17 cho의 용법

> **Point** cho는 위치에 따라, 사용 방법에 따라 의미가 달라지므로 반드시 이해하고 암기한다.

01 주어 + cho + 명사 : 주어에게 ~을/를 주다 (단순 '주다' 의미 동사 용법)

> Thầy **cho** sách.
> 선생님이 책을 준다.
>
> Bạn **cho** hoa.
> 친구가 꽃을 준다.

02 (문장 앞) cho + (대상) + 명사 : 대상에게 ~을/를 주다

> **Cho** tôi cà phê.
> (나에게) 커피 주세요.
>
> **Cho** em cơm rang.
> (저에게) 볶음밥 주세요.

03 **(문장 중간) cho + 명사 : ～에게, ～을/를 위해 (부사 용법)**

> Anh tặng quà **cho** tôi.
> 당신은 나에게 선물을 준다.
>
> Bố làm việc **cho** gia đình mình.
> 아버지는 우리 가족을 위해 일하신다.

04 **(문장 중간) cho + 형용사 : ～하게(하기 위해) (부사 용법)**

> Tôi tham dự **cho** vui.
> 나는 기쁘게(하기 위해) 참석한다.
>
> Tớ dọn nhà **cho** sạch.
> 나는 깨끗이(하기 위해) 집을 청소해.

05 **～하게 허가하다, ～하게 만들다 (허가, 사역 용법)**

(1) 주어 + (làm) cho + 대상 + 술어 : 주어가 대상에게 ～하게 허가하다, 만들다

> Tôi **làm cho** anh biết.
> 나는 너에게 알려준다. (허가)
>
> Tôi **làm cho** bạn gái giận.
> 나는 여자친구를 화나게 만들었다. (사역)

(2) (문장 앞) Cho + 대상 + 동사 : 대상이 ～하게 (허가)해 주세요.

> **Cho** tôi gặp chị Lý.
> 제가 리 씨를 만나게 (허가)해 주세요. → **리 씨 바꿔주세요.** (전화상)
>
> **Cho** tôi hỏi một chút.
> 제가 조금 물어보게 (허가)해 주세요. → **말씀 좀 묻겠습니다.** (관용적)

06 회화 지문에서 **cho**가 주로 쓰이는 문장 형태들은 다음과 같다.

• Cho + 대상 + 술어 형태가 가장 많으니 다음과 같은 예문을 관용구처럼 암기하면 해석할 때 유리하다.

(1) Cho tôi(em) + 명사 : ~주세요 (식당에서, 상점에서)

> **Cho tôi một ly sinh tố xoài.**
> 망고 생과일 주스 한 잔 주세요.
>
> **Cho em cái này.**
> 이것 주세요.

(2) Cho tôi(em) gặp + 사람 : ~바꿔주세요 (전화상)

> **Cho tôi gặp anh Kim.**
> 김 씨 바꿔주세요.
>
> **Cho em gặp Tuấn.**
> 뚜언 바꿔주세요.

(3) Cho tôi hỏi (một chút) : 질문 있습니다, 말씀 좀 여쭙겠습니다 (길 묻기, 교실에서)

• **Cho tôi biết ~ :** ~알려주세요 (길 묻기)

> **Cho tôi biết đường đến bệnh viện.**
> 병원 가는 길을 알려주세요.

• **Cho tôi xem ~ :** ~보여주세요 (식당에서, 상점에서)

> **Cho tôi xem thực đơn.**
> 메뉴 보여주세요.

18 '보다' 동사

Point "보다"에 해당하는 베트남어는 상황에 따라 쓰임이 다르니 반드시 구별해서 암기한다.

01 Xem 보다

xem tivi, **xem** phim, **xem** chương trình, **xem** ca nhạc ...
티비 보다, 영화 보다, 프로그램 보다, 음악회 보다...

02 Nhìn (목적을 가지고) 쳐다보다

nhìn áo kia, đừng **nhìn**, **nhìn** cái gì?...
저 옷을 쳐다보다, 쳐다보지 마세요, 무엇을 쳐다보니?

03 Ngắm (풍경류) 보다, 감상하다

ngắm phong cảnh, **ngắm** cảnh đêm...
풍경을 보다(감상하다), 야경을 보다(감상하다)...

04 Thấy 보이다

Sẽ **thấy** bưu điện bên phải.
오른쪽에 우체국이 보일 거예요.

không **thấy** rõ.
잘 안보여요.

 1. thấy는 '느끼다'라는 뜻도 있다.
Tôi **thấy** buồn. 나는 슬픔을 느껴요.
Tôi **thấy** mệt. 나는 피곤함을 느껴요.

2. thấy ~ thế nào? ~어떻게 여겨요? 생각해요? (의견 물을 때)
Bạn **thấy** khí hậu Việt Nam **thế nào**? 너는 베트남 기후를 어떻게 생각해?

05 Trông 돌보다, 지키다 (trông + 명사 형태)

> **trông** cửa hàng, **trông** em bé...
> 가게 보다(지키다), 아기를 보다.(돌보다)...

> * **Trông (có vẻ) + 형용사 or 문장** : ~하게 보이다. 라는 뜻도 있다.
> Trông anh khá vui. 당신은 꽤 기뻐 보여요.
> Trông không khỏe lắm. 그다지 건강해 보이지 않아요.

19 다의어와 유의어

> **Point** 문법 문제와 결합되어 출제되는 베트남어 다의어는 주로 위치에 따라 뜻이 달라지고, 유의어는 쓰임에 따라 달라지니 반드시 잘 구분하여 암기해야 한다.

01 Hay

(1) 주어 + hay : 재미있다 (동사)

> Tiếng Việt **hay**.
> 베트남어는 재미있어요.

(2) 명사 + hay : 재미있는 (형용사)

> Tôi đã xem phim **hay**.
> 나는 재미있는 영화를 보았어요.

(3) 주어 + hay + 동사 : 자주 (빈도부사)

> Mình **hay** đi gặp bạn ấy.
> 나는 자주 그 친구를 만나러 가요.

(4) A hay B? : A 아니면 B? (선택의문문)

> Bạn thích ăn món phở bò **hay** phở gà?
> 너는 소고기 쌀국수 먹는 것을 좋아하니? 닭고기 쌀국수 먹는 것을 좋아하니?

(5) hay (= hoặc) : 또는 (접속사)

> Chúng tôi đi du lịch Nha Trang **hay** Đà Nẵng.
> 우리는 냐짱이나 다낭에 여행을 가요.

02 Bằng

(1) bằng : ~만큼 (비교급)

> Min-su cao **bằng** Su-ji.
> 민수는 수지만큼 키가 커요.

(2) bằng : ~로써 (수단, 방법)

> Tớ đi học **bằng** xe buýt.
> 나는 버스로 학교에 가요.

03 Làm

(1) 하다

> Tôi **làm** bài tập.
> 나는 숙제를 해요.

(2) 일하다

> Tôi **làm** ở công ty.
> 나는 회사에서 일해요.

(3) 만들다

> Mẹ tôi **làm** bánh ngọt.
> 나의 엄마는 케이크를 만들어요.

04 ở

(1) ở + 장소 : (장소) ~에서

> Gia đình tôi sống **ở** Hà Nội.
>
> 나의 가족은 하노이에서 살아요.

(2) 주어 + ở : ~에 있다

> Tôi **ở** Hàn Quốc.
>
> 나는 한국에 있어요.

(3) 주어 + ở : ~에 머물다

> Anh trai tôi sẽ **ở** khách sạn.
>
> 나의 형(오빠)은 호텔에서 머물 거예요.

05 Mới

(1) 주어 + mới(= vừa = vừa mới) + 동사 + (rồi) : 막, 방금 ~했어요 (근접과거)

> Mình **mới** đến trường.
>
> 나는 막 학교에 왔어.

(2) 주어 + mới + 동사 : 비로소 ~하다

> Chúng tôi **mới** ăn được món này.
>
> 우리는 비로소 이 음식을 먹을 수 있어요.

(3) 명사 + mới : 새로운 (형용사)

> Tôi có TV **mới**.
>
> 나는 새로운 TV를 가지고 있어요.

(1) 주어 + **vừa** + 동사 + (**rồi**) : 막, 방금 ~했어요 (근접과거) (= 주어 + mới + 동사 +(rồi))

> Mình **vừa** sang Việt Nam (**rồi**).
> 나는 막 베트남에 (건너)왔어요.

(2) **vừa** A **vừa** B : A하기도 하고 (동시에) B하기도 하다 (상관접속사)

> Bố tôi **vừa** thích uống cà phê **vừa** thích uống trà.
> 우리 아버지는 커피 마시는 것을 좋아하기도 하고 (동시에) 차 마시는 것을 좋아하기도 해요.

(3) **vừa với** + 사람 : 사람에게 (치수)가 잘 맞다

> Áo này vừa **với** tôi.
> 이 옷은 나에게 (치수가) 잘 맞아요.

07 빌리다

(1) Thuê : (대가를 지불하고) 빌리다

> thuê xe, **thuê** nhà...
> 차를 빌리다, 집을 빌리다...

(2) Mượn : (대가를 지불하지 않고) 빌리다

> mượn sách, **mượn** bút...
> 책을 빌리다, 펜을 빌리다...

(3) Vay : (돈) 빌리다

> **vay** tiền.
> 돈을 빌리다.

08 Còn

(1) 주어 + còn : 남아 있다 (동사)

> Chúng tôi **còn** 2 vé.
>
> 우리는 표 2장이 남아 있어요.

(2) 주어 + còn(= vẫn = vẫn còn) + 동사 : 여전히 ~하다

> Tôi **còn** sống ở Việt Nam.
>
> 나는 여전히 베트남에서 살아요.

(3) Còn 주어 (+ 동사)? : 그러면, 반면 (화제 전환)

> **Còn** anh thế nào?
>
> 그러면 당신은 어때요?

09 Để

(1) Để + 주어 + 동사 : ~하게 두다 (~할게)

> **Để** tôi xem.
>
> 내가 볼게.

(2) 주어 + để : 놓다, 두다 (동사)

> Tôi đã **để** sách trên bàn.
>
> 나는 책상 위에 책을 놓았어요.

(3) (để) + 동사 : ~하기 위해 (목적)

> Tôi học tiếng Việt **để** đi du lịch Việt Nam.
>
> 나는 베트남 여행 가기 위해 베트남어를 공부해요.

10 Mà

(1) (Nhưng) mà~ : 그러나, ~인데

> **Nhưng mà** tôi không được.
> 그러나 나는 안 돼요.
>
> Tôi đã gọi điện cho bạn **mà** không ai nghe máy.
> 나는 친구에게 전화를 걸었는데 아무도 받지 않았어요.

(2) ~mà! : ~이잖아요, ~라니까요! (강조)

> Tôi đã làm bài xong rồi **mà**!
> 저는 문제 다 풀었는데요!
>
> Chúng tôi đã bị lạc đường **mà**!
> 우리는 길을 잃었잖아요!

(3) A mà B thế ? : A이길래 그렇게 B합니까?

> Có gì **mà** nặng **thế**?
> 무엇이길래 그렇게 무거워요?

(4) 명사 + mà + 절 : 절이 앞의 명사를 수식할 때

> (Bát) Phở **mà** hôm qua tôi ăn.
> 내가 어제 먹은 쌀국수
>
> (Cái) Bút **mà** anh tặng em.
> 형(오빠)이 나에게 선물한 펜

(5) 그 외 관용표현

> **Ai mà biết được.** (= Không ai biết)
> 누가 알겠어요. (= 아무도 모른다)

11 변경 동사

(1) Thay : 교체하다

> Tôi cần **thay** áo.
>
> 나는 옷을 교체할 필요가 있어요. → 나는 옷을 갈아입을 필요가 있어요.

(2) Thay đổi : 변경하다

> Lịch trình đã **thay đổi**.
>
> 스케줄이 변경됐어요.

(3) Trao đổi : 교류하다

> Sinh viên **trao đổi**.
>
> 교환학생

12 Đông

(1) 겨울

> Mùa **đông** Hàn Quốc rất lạnh.
>
> 한국 겨울은 아주 추워요.

(2) 동쪽

> Phía **đông** Việt Nam là biển.
>
> 베트남 동쪽은 바다예요.

(3) 붐비는

> Vào cuối tuần phố này **đông** lắm.
>
> 주말에 이 거리는 아주 붐벼요.

20 부정명사

Point 가끔씩 등장하는 부정명사를 익혀 두면, 해석하는 시간과 고민을 줄일 수 있고, 매끄러운 해석이 가능하다.

01 의문사 + cũng

Ai **cũng** 누구든지, 누구나 (= 명사 + nào + **cũng** : 어떤 ~든지)

= Người nào **cũng** 어떤 사람이든지

= Sinh viên nào **cũng** 어떤 학생이든지

Đâu **cũng** 어디든지, 어디나 (= Chỗ nào cũng = Nơi nào cũng : 어떤 곳이든지)

Bao giờ **cũng** 언제든지, 언제나 (= Lúc nào cũng : 어느 때나)

Cái gì **cũng** 무엇이든지

Cái nào **cũng** 어떤 것이든지

02 Không + 의문사

Không ai 아무도

Không chỗ nào 어떤 곳도

Không bao giờ 결코

핵심 문장

Q 핵심 문장이 왜 중요한가요? 해석만 하면 되는 거 아닌가요?

A 핵심 문장을 알면 답을 찾을 수 있다.

❶ 핵심 문장을 통으로 암기하면 더욱 효과적!

〈핵심 문장〉 파트에서는 상황의 중심이 되는 문장을 다룬다.

문장을 보자마자 암기하고 동시에 지문에 나오는 상황 파악까지 끝내야 한다.

지문에서 핵심 문장이 무엇인지 알면 지문의 어디에 정답이 있는지,

문제가 요구하는 것이 무엇인지 알 수 있다.

수능에 나오는 문장은 대체로 기초 문장이기 때문에 암기가 수월하고,

문장을 통으로 암기하면 1초 만에 해석할 수 있다.

❷ 핵심 문장을 학습하면 문법은 필요 없나요?

지문에서 답을 찾기 위해서는 해석하는 방법을 알아야 한다.

본 교재의 〈핵심 문장〉 파트에서는 지문의 상황을 단시간에 파악할 수 있도록

도와준다.

❸ 핵심 문장을 통해서 답을 어떻게 유추할까?

〈핵심 문장〉 파트에서는 지문의 기준이 되는 문장을 다룬다.

제시된 문장들은 지문의 앞, 뒤에서 정답으로 숨어 있을 가능성이 높다.

따라서 안전하게 정답을 찾기 위해서는 지문에서 다루고 있는 상황을 파악하고

핵심 문장을 찾는 것이 우선이다.

01 만났을 때

(1) 인사

Chào + ○○.
안녕하세요 ○○.

- ➔ ○○에는 상대방의 호칭이나 이름이 들어간다.
- ➔ 기본적으로 'chào + ○○'을 인사말로 한다. Chào는 '인사하다', 또는 '안녕'이라는 뜻으로 만났을 때, 헤어질 때 아침, 점심, 저녁, 남녀, 연령 구분 없이 사용하는 일반적인 인사이다.

Xin chào anh.
안녕하세요, 형(오빠, 젊은 남자).

- ➔ 문장 앞 Xin을 붙임으로써 격식 있는 표현이 된다.
- ➔ Xin : 신청하다 (영어의 please~처럼 공손한 표현)

Em chào chị.
(제가) 안녕하세요, 언니(누나, 젊은 여자).

- ➔ '1인칭 호칭 + chào + 2인칭 호칭' : '1인칭이 2인칭에게 인사하다, 인사 건네다'라는 의미로 예의 바른 표현이다.

Rất vui được gặp cậu.
(친구에게) 만나서 반가워.

- ➔ 만나서 사용하는 관용적 표현
- ➔ 문장을 뜯어서 살펴보면 'Rất vui 아주 기쁜 + được gặp 만나게 되다 + cậu 너'이다.
- ➔ Được + 동사 : ～하게 되다 (수동태 용법 사용)

Lâu quá không gặp bạn.

(친구에게) 오랜만이야.

- ➡ 만나서 사용하는 관용적 표현
- ➡ 문장을 뜯어서 살펴보면 'Lâu quá 아주 오래 + Không gặp 만나지 않다 + bạn 너'이다.
- ➡ 같은 표현으로는 'Lâu rồi mới gặp bạn.'이 있다. 이 문장을 뜯어서 살펴보면, 'Lâu rồi 오래 되었다 + mới gặp 비로소 만나다 + bạn 너'이다.

A : Bạn (có) khỏe không?

(친구에게) 잘 지내?

- ➡ Có + 술어(동사나 형용사) + không? : ~합니까?

B : Cám ơn bạn. Mình khỏe. Còn bạn?

(친구에게) 고마워. 나 잘 지내(건강해). 그러면 넌?

- ➡ Còn + ○○(주어)? : 그러면 ○○는요?
- ➡ Còn : 문장 앞에 나올 때는 '그러면, 반면, 그런데'라고 해석

A : Mình bình thường.

나는 보통이야.

- ➡ Bình thường : 보통, 그저 그러한

(2) 이름 Tên

A : Bạn tên là gì? / Tên bạn là gì?

너는 이름이 뭐야? / 너의 이름은 뭐야?

- ➡ 관용적 표현. 이름을 물을 때 두 문장으로 물을 수 있다.

B : Mình tên là BORA. / Tên mình là BORA.

나는 이름이 보라야. / 나의 이름은 보라야.

- ➡ 의문사 + ~gì? : '무엇' 자리에 BORA라는 답이 바로 온다.

(3) 나이 Tuổi

> A : Cậu bao nhiêu tuổi?
> 너는 몇 살이야?

> ➡ 나이를 묻는 일반적 표현
> ➡ 어린아이에게 나이를 물을 때 'mấy tuổi?'로 묻는다.

> B : Tớ 19 tuổi.
> 나는 19살이야.

> ➡ Tớ : 나 (친구 사이)
> ➡ Tuổi : ~세, ~세 이다, 나이

(4) 국적 Quốc tịch

> A : Anh là người nước nào?
> 당신은 어느 나라 사람이에요?

> ➡ 국적을 묻는 일반적인 표현
> ➡ Nào : 어떤, 어느

> B : Tôi là người Hàn Quốc.
> 저는 한국 사람이에요.

> ➡ 베트남어는 뒤에서 수식한다.
> **예시** Người 사람 + Hàn Quốc 한국

(5) Giới thiệu 소개하기

> Tôi là học sinh.
> 나는 학생이에요.

> ➡ 주어 + là (~이다) + 보어

> Đây là gia đình của tôi.
> 여기는 나의 가족이야.

> ➡ Đây : 지시대명사 (① 여기, ② 이 사람, ③ 이것)

Kia là mẹ tôi.
저 분은 나의 엄마야.

➡ Kia : 지시대명사 (① 저기 ② 저 사람 ③ 저것)

(6) Nơi ở 사는 곳

A : Bạn sống ở đâu?
너는 어디에서 사니?

➡ 의문사 đâu : 어디
➡ Ở : '~에(서)' 장소 앞 전치사를 주로 같이 사용한다.

B : Mình sống ở Hà Nội.
나는 하노이에서 살아.

➡ Đâu : '어디' 자리에 Hà Nội(하노이)라는 답이 바로 온다.

---

02 헤어질 때

Chào + ○○.
안녕히 계세요 / 안녕히 가세요, ○○.

➡ 헤어질 때도 'chào + 호칭'을 쓴다. 만날 때 헤어질 때 모두 사용 가능하기 때문이다.

Xin chào anh.
안녕히 계세요, 형(오빠, 젊은 남자).

➡ 헤어질 때 인사도 문장 앞에 Xin을 붙이면 격식 있는 표현이 된다.

Em chào chị.
안녕히 계세요 / 안녕히 가세요, 언니(누나, 젊은 여자).

➡ 헤어질 때 '1인칭 호칭 + chào + 2인칭 호칭' : '1인칭 호칭이 2인칭 호칭에게 인사하다'라는 예의 바른 표현이 된다.

Hẹn gặp lại.
또 만나자.

→ 헤어질 때만 사용하는 관용적 표현
→ 문장을 뜯어서 보면 'Hẹn 약속하다 + gặp 만나다 + lại 다시'이다.

Tạm biệt.
잘 가요. 잘 지내요.

→ 헤어질 때만 사용하는 관용적 표현

03 감사와 사과

(1) 감사

Cảm ơn + ○○.
고마워요 ○○.

→ 감사를 표현할 때 'Cảm ơn + 호칭(~에게 감사하다)'를 기본적으로 사용한다.

A : Xin cảm ơn cô.
감사합니다 (여)선생님.

→ 문장 앞 Xin을 붙여서 격식 있는 표현이 된다.

B : Không có gì.
천만에요.

→ 감사에 대한 대답으로 관용적으로 사용
→ 같은 표현으로는 'Có gì đâu(뭘요)'가 있다.

(2) 사과

Xin lỗi + ○○.
미안해요. ○ ○

→ 사과할 때 'Xin lỗi + 호칭(~에게 미안하다)'를 기본적으로 사용한다. 사과할 때 Xin은 반드시 써야 한다.

A : Em xin lỗi anh.

미안해요, 형(오빠, 젊은 남자).

➡ 1인칭 호칭 + xin lỗi + 2인칭 호칭 : '1인칭 호칭이 2인칭에게 미안하다'라는 의미. 예의 있는 표현으로 문장 앞에 1인칭 호칭을 쓸 수 있다.

B : Không sao.

괜찮아요.

➡ 사과에 대한 대답으로 관용적으로 사용된다.

03 Trường học 학교

01 Lớp 학년, 학급

Tôi là học sinh lớp 12.

저는 12학년(고등학교 3학년) 학생이에요.

➡ 개념 어휘 5강 〈학교생활〉의 어휘에서 초, 중, 고등학교 학년을 말하는 방법을 참고한다.

Chị gái của tôi là sinh viên năm thứ nhất.

나의 언니(누나)는 대학교 1학년 대학생이에요.

➡ 소유격 Của(~의) 생략 가능
➡ 개념 어휘 5강 〈학교생활〉 어휘에서 대학교 학년을 말하는 방법을 참고한다.

02 Phòng học 교실

Cô giáo dạy tiếng Việt tốt.

(여)선생님이 베트남어를 잘 가르쳐요.

➡ Tốt : 좋은, 잘

Trong phòng học có nhiều bàn ghế mới.
교실 안에 새로운 책상과 의자가 많이 있어요.

- ➡ Trong(~안에) + 명사
- ➡ Có : 가지고 있다
- ➡ Nhiều : 많이, 많은 (동사 뒤 위치)
- ➡ Mới : 새로운 (명사 뒤에서 수식)

Bạn ấy đang đọc sách trên ghế.
그 친구는 의자 위에서 책을 읽고 있어요.

- ➡ Đang : ~중이다 (현재진행시제)
- ➡ Trên + 명사 : ~위에

Chúng tôi đang nói chuyện với nhau.
우리는 서로 이야기를 하고 있어요.

- ➡ Nói chuyện với~ : ~와 이야기 하다
- ➡ Với nhau : 서로

03 Môn học 과목

Tôi rất thích môn lịch sử.
나는 역사 과목을 아주 좋아해요.

- ➡ Rất + 형용사 : 아주 ~하다 (형용사 앞 위치)

Em trai tôi không thích môn toán.
내 남동생은 수학 과목을 좋아하지 않아요.

- ➡ Không + 형용사/동사 : ~하지 않는다 (일반 형용사/동사 부정문)

Học tiếng Việt hay quá.
베트남어 공부는 아주 재미있어요.

- ➡ 베트남어는 to부정사나 동명사 용법이 따로 없다. 동사가 주어 자리에 오면 주어처럼, 목적어 자리에 오면 목적어처럼 해석하면 된다.
- ➡ Hay : 재미있는, 재미있다 (베트남어는 형용사가 동사 역할도 한다)

04 Sở thích và hành động 취미와 동작

01 Sở thích 취미

A : Sở thích của bạn là gì?
너의 취미는 뭐야?

➡ Sở thích : 취미

B : Sở thích của mình là xem tivi.
나의 취미는 TV 보기야.

➡ 의문문에서 'gì(무엇)' 자리에 'xem tivi(TV 보기)'가 바로 답으로 온다.

A : Khi rỗi em thường làm gì?
한가할 때 너는 보통 무엇을 하니?

➡ Khi + 동사 : ~할 때
➡ thường : 보통 (빈도부사)
➡ 주어 + 빈도부사 + 동사 순서로 위치한다.

B : Khi rỗi em thường tập thể dục.
한가할 때 저는 보통 운동해요.

➡ 의문문에서 'Làm gì(무엇을 하니?)' 자리에 'Tập thể dục(운동하다)'가 바로 답으로 온다.

A : Anh có thích xem bóng đá không?
당신은 축구 보기를 좋아해요?

➡ Có + 술어 + không? : ~합니까?

B : Có. Anh rất thích xem bóng đá.
네. 저는 축구 보기를 아주 좋아해요.

➡ 'Có + 술어 + không?'으로 물었을 때 긍정대답은 có(네), 부정대답은 không(아니요).

A : Tôi vừa đọc sách vừa uống trà.

저는 책을 읽으면서 차를 마셔요.

➡ Vừa A vừa B : A하면서 B한다 (상관접속사)

B : Min-soo không những thông minh mà còn học giỏi nữa.

민수는 똑똑할 뿐 아니라 공부까지 잘한다.

➡ Không những A mà còn B : A일 뿐만 아니라 B하기까지 하다. (상관접속사)

02 동작

A : Bạn đã ăn cơm chưa?

너 밥 먹었어?

➡ 주어 + (đã) + 동사 + chưa? 과거를 물을 때, 여부를 물을 때

B : Rồi. Mình đã ăn cơm rồi.

응. 나 밥 먹었어.

➡ '주어 + (đã) + 동사 + chưa?'로 물었을 때 긍정대답은 rồi (네 *이미 완료됨), 부정대답
   은 chưa (아직이요)
➡ 동사 + rồi : rồi는 완료형

A : Chị gái của bạn sắp kết hôn chưa?

너의 누나는 곧 결혼하니?

➡ sắp + 동사 + chưa? : 곧 ～합니까?

B : Chưa. Chị gái của mình chưa kết hôn.

아직. 나의 누나는 아직 결혼하지 않아.

➡ chưa + 동사 : 아직 ～아니다, 안 했다

A : Nghỉ hè, bạn có kế hoạch gì không?

여름방학, 너 무슨 계획(이라도) 있니?

➡ Có + 명사/부정명사 + không? : ～가 있습니까?

B : Mình sẽ đi du lịch Việt Nam.

나는 베트남에 여행 갈 거야.

➡ sẽ ~할 것이다(미래시제), đi 가다, du lịch 여행하다 동사를 그대로 연결해서 사용하면 된다.

A : Càng ngày càng tôi thích học tiếng Việt.

날이 갈수록 저는 베트남어 공부가 좋아요.

➡ Càng A càng B : A하면 할수록 B하다 (상관접속사)

05 Giờ, thứ (Ngày trong tuần), ngày tháng năm 시간, 요일, 날짜

01 Giờ 시간

A : Bây giờ là mấy giờ?

지금 몇 시예요?

➡ 시간을 물어보는 관용적 표현
➡ Bây giờ : 지금
➡ Mấy giờ : 몇 시

B : Bây giờ là 2 giờ.

지금 2시예요.

➡ 시간을 묻는 표현에서 'mấy(몇)' 자리에 해당 시각(hai 2)이 바로 온다.

A : Mấy giờ phim bắt đầu?

몇 시에 영화가 시작해요?

➡ Bắt đầu : 시작하다

B : 3 giờ phim sẽ bắt đầu.

3시에 영화가 시작할 거예요.

➡ Sẽ~ : ～할 것이다 (미래시제)

A : Chúng ta gặp nhau lúc mấy giờ?

우리는 몇 시에 만나요?

➡ Lúc : ～에 (시간 앞에 쓰는 전치사)

B : Chúng ta gặp nhau khoảng 2 giờ 40 phút nhé.

우리 약 2시 40분에 만나자.

➡ 문장 끝의 '~nhé'는 친근감을 표시하거나, '～하자, 알겠지?' 등의 권유 표현을 나타낸다.

02 Thứ mấy 요일

A : Ngày mai là (hôm) thứ mấy?

내일은 무슨 요일이에요?

➡ 요일을 물을 때 서수 형태 즉, 'thứ + 숫자' 형태로 쓴다.

B : Ngày mai là (hôm) thứ 7.

내일은 토요일이에요.

➡ Thứ + 7 : 서수 표현으로 '7번째'라는 뜻이지만, 달력에서 7번째 날이므로 토요일이다.

A : Cuối tuần bạn thường làm gì?

주말에 너는 보통 무엇을 해?

➡ Cuối tuần : 주말

B : Thứ 7 và chủ nhật mình thường ở nhà giúp mẹ.

토요일과 일요일에 나는 보통 집에서 엄마를 도와드려.

➡ Giúp : 돕다

A : Hôm nay là ngày bao nhiêu tháng mấy?

오늘은 몇 월 며칠이에요?

→ 날짜를 물어보는 일반적인 표현

→ Ngày bao nhiêu : 며칠 (달력상으로 초순 1일~10일 사이의 날짜를 물을 때는 보통 Ngày (mồng) mấy?라고도 묻는다). *개념 어휘 8강 〈요일과 날짜〉 참고.

B : Hôm nay là ngày 28 tháng 3.

오늘은 3월 28일이야.

→ 일, 월 순서로 말한다.

A : Ngày sinh nhật của bạn là ngày bao nhiêu tháng mấy?

너의 생일은 몇 월 며칠이야?

→ Sinh nhật : 생일

B : Ngày sinh nhật của mình là ngày mồng 2 tháng 4.

나의 생일은 4월 2일이야.

→ ngày bao nhiêu (며칠) 자리에 ngày mồng 2 (2일)라는 대답이 바로 온다.

→ tháng mấy (몇 월) 자리에 tháng 4 (4월) 형태로 답한다.

---

06 Thời tiết và mùa   날씨와 계절

01 **Thời tiết** 날씨

Hôm nay trời đẹp hơn hôm qua.

오늘은 어제보다 날씨가 더 좋아요.

→ Trời đẹp : 날씨가 좋다 (날씨를 말할 때 영어의 가주어 it처럼 베트남어에서는 Trời (하늘)이라는 어휘를 가주어처럼 사용한다.)

→ Hơn : ~보다 더 (비교급 용법)

Nhiệt độ trung bình là 10 độ C.
평균 기온이 10도예요.

➡ Nhiệt độ : 온도, 기온
➡ Trung bình : 평균

Buổi chiều trời ấm.
오후에는 날씨가 따듯해요.

➡ Trời ấm : 날씨가 따듯하다

Theo dự báo thời tiết của ngày mai trời nắng.
내일의 일기예보에 따르면 날씨가 화창해요.

➡ Theo~ : ~에 따르면, ~따르다 (출처가 분명할 경우)
➡ Dự báo thời tiết : 일기예보
➡ Trời nắng : 날씨가 화창하다

Gió thổi nhẹ. thời tiết tốt.
바람이 가볍게 불어요. 날씨가 좋아요.

➡ nhẹ : 가벼운
➡ Thời tiết : 날씨 (명사)

Khí hậu Việt Nam nóng và ẩm.
베트남 기후는 덥고 습해요.

➡ Khí hậu : 기후
➡ Và : 그리고, ~와

Trời mát.
날씨가 시원하다.

➡ Mát : 시원한

Trời có tuyết.
눈이 온다.

➡ Tuyết : 눈

Trời có nhiều mây.
구름이 많다.

→ Mây : 구름

Mùa hè có bão.
여름에는 태풍이 있다.

→ Bão : 태풍

Tôi cần chuẩn bị ô.
나는 우산을 준비할 필요가 있다.

→ chuẩn bị : 준비하다
→ ô : 우산

Nếu trời mưa thì tôi không đi ra ngoài.
만약 비가 오면 나는 밖에 나가지 않는다.

→ Nếu A thì B : 만약에 A하면 B하다 (상관접속사 용법)

02 Mùa 계절

Miền Bắc Việt Nam có bốn mùa.
베트남 북부 지역은 4계절이 있다.

→ Miền Bắc : 북부 지역
→ Bốn mùa : 4계절

Đó là mùa xuân, mùa hè, mùa thu và mùa đông.
그것은 봄, 여름, 가을과 겨울이다.

→ Đó : 지시대명사 (① 그 사람, ② 그것, ③ 그곳)

Miền Nam Việt Nam chỉ có hai mùa thôi.
베트남 남부 지역은 2계절만 있을 뿐이다.

→ 주어 + chỉ + 술어 + thôi : 단지 ～일 뿐이다 (상관접속사 용법)

Đó là mùa mưa và mùa khô.

그것은 우기와 건기이다.

> ➡ Mùa mưa : 우기
> ➡ Mùa khô : 건기

Mùa mưa bắt đầu từ tháng năm đến tháng mười.

우기는 5월에 시작해서 10월까지이다.

> ➡ Từ A đến B : A에서 B까지 (상관접속사 용법)

Còn mùa khô bắt đầu từ tháng mười một đến tháng tư năm sau.

반면 건기는 11월에 시작해서 다음 해 4월까지이다.

> ➡ 문장 앞의 Còn : 그러면, 반면
> ➡ Năm sau : 다음 해

07 Điện thoại 전화

01 Điện thoại 전화

A lô.

여보세요.

> ➡ 전화 받을 때 쓰는 일반적인 표현

Cho tôi gặp Su ji.

수지 바꿔주세요.

> ➡ Cho tôi gặp ○○ : ○○ 바꿔주세요.

Tôi nghe đây.

나예요. (내가 여기 들어요.)

> ➡ '전화 받다'의 관용적 표현이다. 동사는 nghe(듣다) 동사를 사용한다.

Đấy là nhà cô Lê, phải không?
거기가 레 선생님 집이에요?

➡ 전화상에서 '상대편'이나 '거기'는 'đấy'를 사용한다.
➡ Là : ～이다
➡ 문장을 의문문으로 만드는 가장 쉬운 방법은 '주어 + là + 보어, phải không?'이다.

Ai đấy?
누구세요?

➡ Đấy : 거기(전화상에서 상대편)

Cô Lê vừa đi ra ngoài rồi.
레 선생님은 막 밖에 나가셨어요.

➡ 주어 + vừa + 동사 : 막, 방금 ～했다 (근접과거 시제)

Có nhắn gì không?
무슨 메시지 남기시겠어요?

➡ Nhắn : 메시지 남기다 (관용적 표현)

Tôi sẽ gọi lại sau.
제가 나중에 다시 걸게요.

➡ Gọi : 전화 걸다 (관용적 표현)

Xin lỗi. Gọi nhầm số rồi.
죄송해요. 잘못(된 번호로) 걸었어요.

➡ Nhầm : 실수하다, 오인하다
➡ Số : 번호
➡ Nhầm số : 번호를 실수하다. 즉, '(전화를) 잘못 걸다' 의미인 관용적 표현

Máy điện thoại đang bận.
통화 중이다.

➡ Bận : 바쁜
➡ Máy đang bận : 전화기가 바쁜 중이다. 즉, '통화 중이다' 의미.

08 Giao thông và hỏi đường 교통과 길 묻기

01 Giao thông 교통

A : Khi đi học, bạn thường đi bằng gì?

학교 갈 때, 너는 보통 뭐 타고 가?

➡️ Khi + 동사 : ～할 때
➡️ Bằng gì? 교통수단을 묻는 질문

B : Mình thường đi bằng xe buýt.

나는 보통 버스로 가.

➡️ Bằng + 교통수단 : ～로써 (수단. 방법)

A : Đi bằng xe buýt có xa không?

버스로 가면 멀어?

➡️ Xa : 먼

B : Không xa lắm. Chỉ mất 20 phút thôi.

그다지 멀지 않아. 20분 밖에 안 걸려.

➡️ 부정문에서 lắm은 '그다지', '별로'의 의미이다.
➡️ Mất : (시간이) 걸리다
➡️ Chỉ ～ thôi : 단지 ～일 뿐이다 (상관접속사)

02 Đường 길

A : Cho tôi hỏi một chút.

말씀 좀 여쭐게요.

➡️ Cho + 대상 + 동사 : 대상이 ～하게 하다 (관용적 표현)

Anh có biết bưu điện ở đâu không?

우체국이 어디에 있는지 아세요?

➡️ 1. Anh có biết ~ không? : 당신은 압니까?
   Có + 술어 + (의문형) + không? 용법
➡️ 2. Bưu điện ở đâu. 우체국이 어디에 있다.
➡️ 1+2 = Anh có biết bưu điện ở đâu không?
   당신은 우체국이 어디에 있는지 아세요?

Tôi bị lạc đường.

길을 잃어버렸어요.

➡️ Bị : 주어의 입장에서 불리한 경우를 당했을 때 쓰는 수동태의 조동사

B : Anh đi thẳng đường này đi.

이 길을 직진하세요.

➡️ Đi thẳng : 직진하다
➡️ 문장 끝 '~đi'는 '~해라' 의미의 명령법이다.

Sau đó, đến ngã tư thì rẽ phải.

그 후, 사거리에 가면 오른쪽으로 도세요.

➡️ Ngã tư : 사거리
➡️ Rẽ phải : 오른쪽으로 돌다

Anh sẽ thấy bưu điện ở đối diện siêu thị BIC C.

당신은 빅C 슈퍼마켓 맞은편에 우체국이 보일 거예요.

➡️ Sẽ thấy : 보일 것이다
➡️ Đối diện : 맞은편 (전치사)

A : Từ đây đến đó mất bao lâu?

여기에서 거기까지 얼마나 오래 걸려요?

➡️ Từ A đến B : A에서 B까지 (상관접속사)
➡️ Mất : (시간이)걸리다, (돈)이 들다

B : Đi bộ mất hơn 10 phút.

걸어서 10분 좀 더 걸려요.

→ Đi bộ : 걷다
→ Hơn + 숫자 : ~보다 더

09 Nhà hàng 식당

01 Đặt bàn 테이블 예약

A : Tôi muốn đặt bàn dành cho bốn người ạ.

나는 4명(을 위한) 테이블을 예약하고 싶습니다.

→ Đặt bàn : 테이블을 예약하다
→ Dành cho + 사람 : ~을 위해

B : Dạ. vâng. Anh muốn đặt bàn vào ngày nào?

아 네. 당신은 어느 날에 테이블 예약을 원하시죠?

→ Vào + 시간명사 : ~에 (전치사)
→ Ngày nào : 어느날, 어떤 날 → (구체적인) '언제'의 의미

A : Tối thứ sáu ạ.

금요일 저녁이요.

→ 1. Buổi tối : 저녁
→ 2. Thứ sáu : 금요일
→ 1+2 = Tối thứ sáu 금요일 저녁 (시간명사끼리 결합할 때 buổi는 생략한다. → 시간 명사의 결합에 주의)

B : Dạ. được rồi. Cho tôi biết số điện thoại của anh.

네. 가능해요. 당신의 전화번호를 알려주세요.

→ Cho tôi biết~ : ~알려주세요 (Cho + 대상 + 동사 용법)

A : Số điện thoại của tôi là 012 345 6789.
저의 전화번호는 012 345 67890이에요.

➡ Số : 숫자

02 Gọi món 음식 주문

A : Chị dùng gì ạ?
무엇을 드시겠어요?

➡ Dùng : 들다, 드시다 (Ăn(먹다), uống(마시다)의 높임말)

B : Cho tôi 1 bát phở bò, 1 cốc cà phê và 1 cốc sinh tố xoài.
소고기 쌀국수 한 그릇, 커피 한 잔 그리고 망고 생과일 주스 한 잔 주세요.

➡ Cho tôi + 명사 : ~주세요
➡ 1 bát phở bò : 소고기 쌀국수 한 그릇
➡ 1 cốc cà phê : 커피 한 잔
➡ 1 cốc sinh tố xoài : 망고 생과일 주스 한 잔
➡ 이와 같이 단위 및 종별사의 사용 순서는 '숫자 + 단위(종별사) + 명사'이다.

A : Món phở này có ngon không?
이 쌀국수 맛있어요?

➡ Món : 음식
➡ Ngon : 맛있는

B : Có. Tôi thích phở bò nhất.
네. 저는 소고기 쌀국수를 제일 좋아해요.

➡ Có ~không? 의문형 형태로 물었을 때 긍정대답은 'có(네)' 이다.
➡ nhất : 가장 (최상급 표현) (= hơn cả = hơn hết)

Còn cà phê này hơi ngọt và sinh tố xoài này khá chua.

그런데 이 커피는 약간 달고, 이 망고 생과일 주스는 꽤 셔요.

- ➡ Còn : (문장 앞에 위치할 때) 그런데, 그러면, 반면
- ➡ Hơi : 약간 (형용사 앞 위치)
- ➡ Ngọt : 달달한
- ➡ Khá : 꽤 (형용사 앞 위치)
- ➡ Chua : 맛이 신

B : Tính tiền anh ơi

계산이요.

- ➡ Tính : 계산하다
- ➡ Tiền : 돈

A : Dạ. Hóa đơn đây ạ.

네. 영수증 여기요.

- ➡ Hóa đơn : 영수증

10 Mua sắm 쇼핑

01 Hỏi giá 가격 묻기

A : Bao nhiêu tiền ?

얼마예요?

- ➡ Tiền : 돈
- ➡ 가격을 물어보는 일반적인 표현이다.
- ➡ 같은 표현으로는 Giá bao nhiêu? (가격이 얼마예요?)
- ➡ 또 다른 표현으로는 Bán thế nào? (어떻게 팔아요?)

B : Tất cả 500,000 đồng.

전부 50만 동이에요.

➡ Tất cả : 전부, 모두

A : Đắt quá.

비싸요.

➡ Đắt : 비싼

B : Rẻ thật.

정말 싸요.

➡ Rẻ : 싼

02 Mặc cả 흥정하기

A : Sao áo này đắt thế?

왜 이 옷은 그렇게 비싸요?

➡ Sao : 왜~?

B : Không đắt đâu.

비싸지 않아요.

➡ 부정문 + đâu : 부정문을 강조하는 đâu

A : Anh giảm giá cho tôi một chút có được không?

조금 깎아 줄 수 있어요?

➡ Giảm giá : 가격을 줄이다
➡ 문장 끝 '(có) được không?'는 '가능해요?'의 의미

B : Thôi được. Đừng bớt nữa. Em mặc cả giỏi nhỉ.

그래요(됐어요, 가능해요). 더 이상 빼지 마세요. 흥정 잘하네요.

➡ Đừng + 동사 : ~하지 마라 (부정명령법)
➡ Bớt : 빼다
➡ Mặc cả : 흥정하다
➡ 문장 끝 nhỉ : ~하네 (혼잣말이거나 상대방의 동조를 유도)

03 Khi mua giày 신발 살 때

A : Giày thể thao này có loại / kiểu khác không?

이 운동화 다른 종류/스타일 있어요?

➡ Giày thể thao : 운동화
➡ Loại : 종류 / Kiểu : 스타일

B : Có. nhiều lắm. Em đi thử xem.

있어요. 아주 많아요. 한번 신어 보세요.

➡ 동사 + thử + (xem) : 시험 삼아 한번 해 보다.

A : Đôi giày này không vừa với em.

이 신발은 (치수가) 나에게 맞지 않아요.

➡ Vừa với + 사람 : 사람에게 치수가 맞다.

B : Thế à? Nhưng màu này hợp với em.

그래요? 하지만 이 색깔은 나에게 어울려요.

➡ Hợp với + 사람 : 사람에게 색깔이나 스타일이 어울리다.

A : Giày này có cỡ to hơn không?

이 신발은 더 큰 치수 있어요?

➡ Cỡ : 치수
➡ 형용사 + hơn : ~보다 더 (비교급)

B : Có chứ!

있지요! (있고 말고요!)

➡ 문장 끝 ~ chứ ! : ~지! (~고 말고!) 확신에 찬 표현

11 Bệnh viện 병원

01 Triệu chứng 증상

Tôi bị đau đầu.

머리가 아파요.

➡ Tôi bị đau + 신체부위 : ~가 아파요
➡ Bị : 주어의 입장에서 불리한 경우에 쓰는 수동태의 조동사
➡ 비슷한 표현으로는 : Tôi~(머리가~)
➡ Tôi bị nhức đầu(머리가 쑤시다, 머리에 통증을 느끼다)

Tôi bị đau răng.

이가 아파요.

➡ Răng : 이

Tôi bị đau bụng.

배가 아파요.

➡ Bụng : 배

Tôi bị đau mắt.

눈이 아파요.

➡ Mắt : 눈

Tôi bị đau mũi.

코가 아파요.

➡ Mũi : 코

Tôi bị đau tai.
귀가 아파요.

➡ Tai : 귀

Tôi bị đau tay.
손(팔)이 아파요.

➡ Tay : 손, 팔

Tôi bị đau cổ.
목이 아파요.

➡ Cổ : 목

Tôi bị đau họng.
목이 아파요. (인후염)

➡ Họng : 목구멍

Tôi bị đau vai.
어깨가 아파요.

➡ Vai : 어깨

Tôi bị đau lưng.
등이 아파요.

➡ Lưng : 등

Tôi bị ốm.
몸이 아파요.

➡ Ốm : 아픈 (베트남 남부지방에서는 '살이 찌지 않은', '마른')

Tôi bị bệnh.
병에 걸렸어요.

➡ Bệnh : 병

Tôi bị sốt, ho và sổ mũi.
열이 나고, 기침하고 콧물이 나요.

- ➡ Sốt : 열
- ➡ Ho : 기침
- ➡ Sổ mũi : 콧물이 나는
- ➡ 이 증상은 'Tôi bị cảm(감기 걸리다).'으로 표현할 수 있다.

Tôi bị đầy bụng.
소화가 안 돼요.

- ➡ Đầy : 가득 찬
- ➡ Đầy bụng : 배가 가득 차다 = 소화가 안 되다

02 Tai nạn 사고

Tôi bị tai nạn.
사고를 당하다.

- ➡ Tai nạn : 사고, 재난

Tôi bị tai nạn giao thông.
교통 사고를 당하다.

- ➡ Giao thông : 교통

Tôi bị thương.
다치다

- ➡ Bị thương : 상처가 나다, 부상당하다

Tôi bị thương chân.
다리를 다치다.

- ➡ Chân : 다리

Tôi bị gãy tay.
팔이 부러지다.

→ Gãy : 부러지다

03 그 밖의 관용적 표현

Nằm viện.
입원하다.

→ 같은 표현 : nhập viện(입원하다)

Khám bệnh.
진찰하다.

→ Khám : 진찰하다

Chữa bệnh
병을 고치다.

→ 고치다

Khỏi bệnh.
병이 낫다.

→ 같은 표현 : hết bệnh(병이 남김없이 끝나다 즉, 병이 낫다)

Anh bị làm sao?
왜 그래요?

→ 상대방이 안 좋은 일을 겪거나 당하고 있다는 것을 직감하고 물어볼 때
→ = Anh bị sao? = Anh làm sao? = Anh sao thế?

Tôi đang trên đường đi bệnh viện.
병원에 가는 길이에요.

→ Đang : ~하는 중이다 (현재진행 시제)
→ Trên đường : 길 위
→ Đi bệnh viện : 병원에 가다

Anh nên nghỉ ở nhà.
집에서 쉬는 게 좋겠어요.

→ Nên + 동사 : ~하는 편이 낫다
→ Nghỉ : 쉬다

Uống thuốc trong 3 ngày.
3일 동안 약을 복용하다.

→ Uống : 마시다
→ Thuốc : 약
→ Uống thuốc : 약을 복용하다 (Ăn(먹다) 동사를 사용하지 않는다.)
→ Trong + 숫자 : ~동안

Tiêm.
주사를 놓다.

→ Đi tiêm : 주사 맞으러 가다

Để tôi khám.
내가 진찰할게.

→ Để + 대상 + 동사 : 대상이 ~하도록 두다 즉, 'ㅇㅇ이/가 ~할게' 라고 해석하면 매끄럽다.

01 Ngân hàng 은행

Tôi muốn rút tiền.
돈을 인출하고 싶어요.

➡ Rút : 뽑다, 인출하다
➡ Muốn + 동사 : ~하고 싶다, ~하기를 원하다 (조동사)

Tôi muốn làm thẻ.
카드를 만들고 싶어요.

➡ Làm : 만들다
➡ Thẻ : 카드

Anh điền vào giấy tờ này.
이 서류에 기입하세요.

➡ Điền : 기입하다
➡ Vào : ~에
➡ Giấy tờ : 서류 (cf. Tờ giấy 종이)

Tôi viết xong rồi.
다 썼어요

➡ 동사 + xong : ~를 마치다 (행위의 완료)

02 Bưu điện 우체국

Tôi muốn gửi thư quốc tế.
국제 우편을 보내고 싶어요.

➡ Gửi thư : 편지를 보내다
➡ Quốc tế : 국제

Tôi có một bưu phẩm nữa.
소포 하나 더 있어요.

➡ 문장 끝 'nữa'는 '더 (추가의 의미)'의 의미이다.

Ông gửi bưu phẩm này trong nước hay quốc tế?
당신은 이 소포를 국내로 보내나요? 국제로 보내나요?

➡ Trong nước hay quốc tế : 국내 아니면 국제?
➡ A hay B? : A 아니면 B? (선택의문문)

Để chị xem.
제가 볼게요.

➡ Để + 대상 + 동사 : 대상으로 하여금 ~하도록 두다 즉, 'ㅇㅇ이/가 ~할게'로 해석하면 매끄럽다

03 Thư viện 도서관

Tôi muốn mượn sách.
책을 빌리고 싶어요.

➡ Mượn : (대가를 지불 하지 않고) 빌리다
➡ cf. Thuê (대가를 지불하고) 빌리다, vay (돈을) 빌리다

Người ta mượn hết rồi.
사람들이 다 빌려갔어요.

➡ 동사 + hết : 남김없이 ~를 다 하다
➡ cf. Hết + 명사 : ~가 다 소진되어 하나도 남김이 없다

Bao giờ tôi có thể mượn sách này được?
언제 제가 이 책을 빌릴 수 있어요?

➡ Bao giờ : 언제 (의문사) ~?
➡ 문장 앞에 bao giờ가 오면 미래의 때(언제)를 묻는 질문이다.
➡ cf. ~bao giờ? : 문장 끝에 bao giờ가 오면 과거의 때(언제)를 묻는 질문이다.
➡ 동사 + được : ~할 수 있다 (가능성)

Chắc là thứ tư tuần sau.
확실히 다음 주 수요일이요.

➡ Chắc (Chắn) là~ : 분명, 확실히 〜이다

---

13 Du lịch 여행

01 Du lịch 여행

A : Bạn đã đi Đà Nẵng bao giờ chưa?
너 다낭 가 본 적 있어?

➡ ~ bao giờ chưa ? : 〜해 본 적 있어요? (경험을 묻는 질문)
➡ = ~ lần nào chưa?

B : Mình đã đi một lần rồi. Còn bạn?
나는 한 번 가 봤어. 그러면 너는?

➡ Một lần : 한번
➡ cf. Nhiều lần : 여러 번

A : Mình chưa bao giờ đi Đà Nẵng.
나는 아직 다낭에 가 본 적 없어.

➡ Chưa bao giờ + 동사 : 아직 〜해 본 적 없다
➡ cf. Không bao giờ + 동사 : 결코 〜하지 않는다

B : Nếu được thì bạn đi đấy xem. Bãi biển Đà Nẵng đẹp lắm.
만약 가능하면, 너는 거기 가 봐. 다낭 바다 아주 예뻐.

➡ Nếu A thì B : 만약 A하면 B하다 (상관접속사)
➡ 동사 + xem : 〜해 봐
➡ Bãi biển : 해변가

14 Thăm, Mời, Chúc 방문, 초대, 축하

01 Thăm nhà, mời 집 방문, 초대

Nhân dịp sinh nhật, tôi dự định mời các anh chị ăn tối.
생일을 맞이하여, 저는 당신들(언니, 오빠) 저녁식사에 초대할 예정이에요.

➜ Nhân dịp + 명사 : ~기회에, ~인 김에, ~를 맞이하여
➜ Dự định + 동사 : ~할 예정이다
➜ Mời : 초대하다

Chúc mừng sinh nhật chị ạ.
생일 축하해요 언니(누나).

➜ Chúc mừng~ : ~축하하다

Mở tiệc ở đâu?
어디에서 파티를 열어요?

➜ Mở : 열다
➜ Tiệc : 파티, 연회, 잔치

Tôi được tặng hoa, bánh ngọt.
저는 꽃과 케이크를 선물 받았어요.

➜ Được : 얻다, 획득하다 의미의 동사

Tôi sẽ chuẩn bị món ăn Việt Nam ở nhà.
저는 집에서 베트남 음식을 준비할 거예요.

➜ Chuẩn bị : 준비하다

Mời các anh chị đến dự nhé.
당신들(오빠, 누나) 와서 참석하세요.

➜ 문장 앞 Mời는 '초대하다' 의미의 '~하세요'로 해석하면 매끄럽다.
➜ Dự : 참석하다 (= tham dự)

Chị đã rủ Mi-na chưa?
미나 불렀어요?

➡️ Rủ : 어떤 일을 함께 하기 위해 부르다

➡️ (Đã) + 동사 + chưa? : ～했습니까? (과거의 여부를 물을 때)

Chị ấy sắp đến rồi.
그녀는 곧 온다.

➡️ Sắp + 동사 + (rồi) : 곧 ～한다

Em thấy đói quá.
배고파요(배고픔을 느껴요).

➡️ Đói : 배고픈 (↔ no : 배부른)

Các bạn chờ một chút.
여러분 조금 기다리세요.

➡️ Chờ : 기다리다 (= đợi)

Nhà mình ở tầng 3.
우리 집은 3층에 있어요.

➡️ Tầng 3 : 3층 ('단위 + 숫자'는 해당 숫자만을 의미한다.)

➡️ cf. 3 tầng : 3층(건물) ('숫자 + 단위'는 전체 숫자의 양을 의미한다.)

02 Chúc 축하

Chúc ăn Tết vui vẻ.
설날 즐겁게 보내세요.

➡️ Ăn Tết : 설을 보내다, 설을 쇠다

Chúc mừng giáng sinh.
메리 크리스마스.

➡️ Giáng sinh 크리스마스

Chúc mừng năm mới.
근하신년.

➜ Năm mới : 새해

Chúc ngủ ngon.
잘자요.

➜ Ngủ : 자다
➜ Ngon : 맛있는
➜ Ngủ ngon : 맛있게 자다, 즉, 잘자다

15 Nghề nghiệp mong muốn, Ngày lễ, Hỏi thăm 장래희망, 명절, 안부 묻기

01 Nghề nghiệp 직업

Tôi muốn trở thành giáo viên như chị.
저는 언니(누나)처럼 교사가 되고 싶어요.

➜ Trở thành +명사 : ~가 되다
➜ cf. Trở nên + 형용사 : ~(형용사) 되다 (상태적 변화)
➜ Giáo viên : 교사
➜ Như : ~처럼, ~와 같이

Bố mình là bác sĩ.
우리 아버지는 의사야.

➜ Bác sĩ : 의사

02 Ngày lễ, Tết 명절, 설

Người Việt Nam thường theo âm lịch.
베트남 사람은 보통 음력을 따른다.

- ➡ Theo : 따르다
- ➡ Âm lịch : 음력 (↔ Dương lịch : 양력)

Người Việt Nam thường ăn món ăn truyền thống như bánh chưng, bánh dày vào dịp Tết.
베트남 사람은 보통 설을 맞이해서 바인 쯩, 바인 자이와 같은 전통 음식을 먹는다.

- ➡ Thường : 보통 (빈도부사 – 주어와 동사 사이에 위치)
- ➡ Truyền thống : 전통적인

Người Việt Nam không nghỉ vào trung thu.
베트남 사람은 중추절에 쉬지 않는다.

- ➡ Trung thu : 중추절, 추석

03 Hỏi thăm an bu

Cho tôi gửi lời hỏi thăm đến ○○○.
○○○에게 안부 전해 주세요.

- ➡ Lời : 말
- ➡ Hỏi thăm : 안부 묻다
- ➡ Đến : ～에 닿다, ～에 이르다, 오다, 도착하다, ～까지

Tôi nhớ cuộc sống ở Việt Nam lắm.
베트남에서의 생활이 아주 그리워요.

- ➡ Nhớ : 그립다, 기억하다 (↔ Quên : 잊다)
- ➡ cf. 같은 단어지만 성조가 'Nhờ'로 내려가면 '부탁하다'라는 의미이다.

Final 실전 상황 독해

01 How to study

> Q 기초 베트남어인데 독해까지 공부해야 하나요?
>
> A 갈수록 독해가 중요해진다.

❶ 독해는 어휘 + 문법 + 문장이다!

〈Final 실전 상황 독해〉 파트는 어휘 + 문법 + 문장을 종합적으로 배우는 파트로, '종합 선물 세트'라고 할 수 있다. 수능 기초 베트남어의 독해에서는 내용의 일치, 불일치에 대한 문항이 많이 출제된다. 즉, 정확히 해석할 수 있어야 한다.

❷ 일정한 상황 속에서 일정한 패턴이 있다.

수능 기초 베트남어에서 나오는 지문은 예측 가능한 상황과, 예측 가능한 대화로 구성되어 있다. 본 교재에서는 해당 상황에서 쓰일 수 있는 문장을 모아 지문으로 구성해서 실제 시험을 대비할 수 있도록 했다.

❸ 독해 문제가 승패를 결정하는 요인!

1등급이 목표라면 독해는 당연히 챙겨서 가자.
한 문제씩 포기하다 보면 2등급으로 떨어진다.
수능 기초 베트남어 과목은 만점을 목표로 해야 한다.
전략적 과목으로 내가 선택했다면, 당연히 만점이 목표!

Minh	: Chào bạn Trang. Bạn có khỏe không?
Trang	: Mình khỏe. Lâu quá không gặp.
Minh	: Ừ.
Trang	: Đây là Ji-hyun, bạn của mình.
Minh	: Rất vui được gặp Ji-hyun.
Ji-hyun	: Mình cũng rất vui được gặp bạn.
Minh	: Bạn là người nước nào?
Ji-hyun	: Mình là người Hàn Quốc và sang Việt Nam vào tháng trước.
Trang	: Chúng ta giúp nhiều Ji-hyun nhé.
Minh	: Đồng ý.
Ji-hyun	: Cảm ơn Minh và Trang.
Trang	: Không có gì.
Minh	: Bây giờ mình phải về nhà.
Ji-hyun, Trang	: Chào bạn. Tạm biệt.
Minh	: Hẹn gặp lại

민	: 안녕 짱아 잘 지냈니?
짱	: 나는 잘 지내. 오랜만이구나.
민	: 응.
짱	: 이 사람은 내 친구 지현이야.
민	: 지현아 만나서 아주 반가워.
지현	: 나 역시 너를 만나서 매우 반가워.
민	: 너는 어느 나라 사람이니?
지현	: 나는 한국사람이고, 지난달에 베트남에 왔어.
짱	: 우리가 지현이를 많이 도와주자.
민	: 알겠어.
지현	: 민, 짱 고마워.
짱	: 천만에.
민	: 지금 나는 집에 가야 해.
지현, 짱	: 안녕 잘 가.
민	: 다음에 또 만나자.

Chào + 호칭 (호칭에게) 안녕 | **주어 + có khỏe không ?** ~는 건강하니? 잘 지내니?
Khỏe 건강한, 잘 지내는 | **Lâu quá không gặp** 오랜만이야 (관용적 표현)
Đây 이 사람, 이것, 여기 (지시대명사) | **Rất vui được gặp** ○○. ○○을 만나서 아주 반가워요
Người nước nào 어느 나라 사람 (국적 물을 때) | **Tháng trước** 지난 달 | **Giúp** 돕다
Đồng ý 동의하다 | **Cảm ơn** 고맙습니다, 감사합니다 | **Không có gì** 천만에요
Phải + 동사 ~해야 한다 (조동사) | **Tạm biệt** 잘 가요, 잘 지내요 (헤어질 때)
Hẹn gặp lại 또 만나요 (헤어질 때)

03 Giới thiệu 소개

Tên tôi là Trung.

Xin giới thiệu gia đình của tôi.

Gia đình tôi có 5 người.

Đây là bố của tôi.Bố tôi là kỹ sư.

Đây là mẹ của tôi. Mẹ tôi là giáo viên.

Đây là anh trai của tôi. Anh ấy là nhân viên công ty.

Còn đây là em gái của tôi. Em ấy là học sinh.

내 이름은 쭝입니다.
나의 가족을 소개합니다.
나의 가족은 5명입니다.
이 사람은 나의 아버지입니다. 나의 아버지는 기술자입니다.
이 사람은 나의 어머니입니다. 나의 어머니는 교사입니다.
이 사람은 나의 형입니다. 그는 회사원입니다.
그리고, 이 사람은 나의 여동생입니다. 그녀는 학생입니다.

Tên tôi là ○○. 나의 이름은 ○○입니다 | **Giới thiệu** 소개하다 | **Gia đình** 가족
Có 있다. 가지고 있다 | **5 người** 5명 | **Đây** 이 사람은, 이 것은, 여기는 | **Bố** 아버지
Bố của tôi 나의 아버지 (뒤에서부터 해석) | **Kỹ sư** 기술자 | **Mẹ** 어머니 | **Giáo viên** 교사
Anh trai 형, 오빠 | **Nhân viên công ty** 회사원 | **Còn ~** 반면, 그런데, 그러면~
Em gái 여동생

Tôi là học sinh lớp 12 của trường trung học phổ thông Hà Nội. Phòng học tôi ở tầng 3. Trong phòng học có nhiều bàn ghế và cô giáo dạy tiếng Việt. Tôi thích môn tiếng Việt nhất còn tôi ghét môn khoa học hơn cả. Bởi vì môn tiếng Việt dễ và thú vị.
Sau khi học xong, tôi đi chơi bóng rổ với các bạn cùng lớp. Hay là tôi vừa uống nước cam với các bạn vừa nói chuyện với nhau.

Tuần sau thi bắt đầu. Thứ hai thi tiếng Anh, thứ ba thi lịch sử, thứ tư thi xã hội, thứ năm thi toán và thứ sáu không thi.

Các học sinh lớp 12 ở Việt Nam thi đại học vào tháng bảy hàng năm, còn vào tháng 9 nhập học đại học.

나는 하노이 고등학교 12학년(고등학교 3학년)입니다.
내 교실은 3층에 있습니다.
교실에는 책상과 의자가 많이 있고, 선생님은 베트남어를 가르칩니다.
나는 베트남어 과목을 가장 좋아하고, 과학 과목을 가장 싫어합니다.
왜냐하면, 베트남어 과목은 쉽고 재미있기 때문입니다.
수업이 끝난 후, 나는 같은 반 친구들과 농구를 하러 갑니다.
또는, 나는 친구들과 오렌지 주스를 마시면서 서로 이야기를 하기도 합니다.

다음주는 시험이 시작됩니다.
월요일은 영어 시험, 화요일은 역사 시험, 수요일은 사회 시험, 목요일은 수학 시험 그리고 금요일은 시험이 없습니다.

베트남 12학년(고등학교 3학년) 학생들은 매년 7월에 대입 시험을 치고,
9월에 대학교에 입학합니다.

Học sinh (초, 중, 고) 학생 | **Lớp 12** 12학년 (고3) | **Trường trung học phổ thông** 고등학교
Phòng học 교실 | **ở** ~에 있다 | **Tầng 3** 3층 (단위 + 숫자 해당 숫자만을 의미한다)
Trong + 명사 ~안에 | **Nhiều** 많이, 많은 | **Bàn ghế** 책상 의자 | **Cô giáo** 여교사
Dạy 가르치다 | **Môn** 과목, 종목 | **Ghét** 싫어하다 | **Khoa học** 과학 | **Tiếng Việt** 베트남어
Hơn cả 가장 (= Nhất) 최상급 | **Bởi vì ~** 왜냐하면 ~하기 때문이다 | **Dễ** 쉬운 | **Thú vị** 재미있는
동사 + xong ~를 마치다 | **Bóng rổ** 농구 | **Với** ~와 함께 | **Hay là~** 아니면 ~이다
Vừa~ vừa~ ~하기도 하고 ~하기도 하다 | **Các bạn** 친구들, 여러분 | **Nói chuyện** 이야기하다

Sở thích tôi thích nhất là chơi bóng đá. Chủ nhật hàng tuần tôi và bạn Long hay chơi bóng đá. Nhiều người đang tập thể dục ở sân vận động.

Trước khi tập thể dục, tôi ít khi ăn cơm. Vì tôi thích ăn cơm sau khi tập xong.

Sở thích khác của tôi là nghe nhạc. Nghe nhạc thì tôi thấy vui vẻ.Tôi thích nghe nhạc trữ tình hơn nhạc nhảy. Càng nghe nhạc càng tôi thấy tấm lòng thoải mái.

Ngoài chơi bóng đá và nghe nhạc, tôi thỉnh thoảng đi xem phim.

내가 가장 좋아하는 취미생활은 축구입니다.
매주 일요일 나와 롱은 자주 축구를 합니다.
많은 사람들이 운동장에서 운동을 하는 중입니다.

운동하기 전 나는 거의 밥을 먹지 않습니다.
왜냐하면, 나는 운동 후에 밥 먹는 것을 좋아하기 때문입니다.

나의 다른 취미 생활은 음악 듣기 입니다.
음악을 들으면 즐거움을 느낍니다.
나는 댄스 음악보다 발라드 음악 듣기를 더 좋아합니다.
나는 음악을 들을수록 마음이 편안함을 느낍니다.

나는 축구와 음악 듣기 외에도 가끔 영화 보러 갑니다.

 Sở thích 취미 | **Nhất** 가장 (최상급) | **Chơi bóng đá** 축구하다 | **Hàng tuần** 매주 (= mỗi tuần)
주어 + hay + 동사 자주 ~하다 | **Tập thể dục** 운동하다 | **Sân vận động** 운동장
Trước khi + 동사 ~하기 전에 | **주어 + ít khi + 동사** 거의 ~하지 않는다
Vì~ 왜냐하면 ~하기 때문이다 | **Thích** 좋아하다 | **Sau khi + 동사** ~한 이후에
Nghe nhạc 음악 듣다 | **Thấy** 느끼다 | **Vui vẻ** 즐거움 | **Trữ tình** 서정적인
Hơn ~보다 더 (비교급) | **Nhảy** 춤추다 | **Càng~ càng~** ~하면 할수록 ~하다 | **Tấm lòng** 마음
Thoải mái 편안한 | **Ngoài + 대상** ~외에도 | **Xem phim** 영화 보다

Nam	: Thứ bảy tuần sau em có rảnh không?
Huệ	: Sao anh? Có chuyện gì anh?
Nam	: Anh có 2 vé đi xem ca nhạc. Anh muốn đi cùng với em.
Huệ	: Thế à? Nhưng em có hẹn khác rồi.
Nam	: Tiếc quá. Thế, bao giờ em có thời gian?
Huệ	: Chủ nhật tuần sau em mới có thời gian.
Nam	: À, chủ nhật tuần sau là ngày mồng hai tháng tư, phải không?
Huệ	: Đúng rồi.
Nam	: Thế, chúng ta gặp nhau lúc 7 giờ rưỡi tối vào chủ nhật tuần sau nhé.
Huệ	: Tốt quá. Chúng ta gặp ở đâu?
Nam	: Gặp ở nhà hát lớn Hà Nội.

남	: 다음주 토요일 한가하니?
후에	: 왜요? 무슨 일이에요?
남	: 나는 음악회 공연 관람 티켓이 2장 있어. 너와 같이 가고 싶어.
후에	: 그래요? 하지만 나는 다른 약속이 있어요.
남	: 아쉽구나. 그러면 언제 시간이 있니?
후에	: 다음주 일요일 나는 비로소 시간이 있어요.
남	: 아…. 다음주 일요일은 4월 2일이지?
후에	: 맞아요.
남	: 그러면 우리 다음주 일요일 저녁 7시 반에 만나자.
후에	: 좋아요. 어디에서 만나나요?
남	: 하노이 대극장에서 만나자.

Thứ bảy 토요일 | **Tuần sau** 다음주 | **Có + 술어 + không ?** ~합니까? | **Rảnh** 한가한 (= rồi)
Sao 왜 | **Có chuyện gì?** 무슨 일이야? (= Có việc gì?) | **Vé** 표 | **Ca nhạc** 음악회
Cùng với + 대상 ~와 같이 | **Chủ nhật** 일요일 | **Mới** 비로소 | **Thời gian** 시간 | **Ngày** 날, 일
Tháng 월, 달 | **~ phải không?** ~맞지요? (부가의문문 형태) | **Đúng** 맞는, 옳은
Lúc + 시각 (시각)에~ | **7 giờ rưỡi** 7시 반 | **Tốt** 좋은 | **Nhà hát lớn** 대극장

Khí hậu miền Bắc Việt Nam khác với khí hậu miền Nam Việt Nam. Khí hậu miền Bắc Việt Nam có 4 mùa. Đó là mùa xuân, mùa hè, mùa thu và mùa đông.

Vào mùa xuân trời nắng và ấm. Vào mùa hè trời nóng và ẩm. Cũng như Hàn Quốc, vào mùa hè trời mưa to và có bão. Gió cũng thổi mạnh. Vào mùa thu, trời mát, có gió nhẹ. Thỉnh thoảng có nhiều mây. Vào mùa đông, trời lạnh. Việt Nam ít khi có tuyết.

Khí hậu miền Nam Việt Nam có 2 mùa. Đó là mùa mưa và mùa khô. Vào mùa mưa, trời mưa nhiều và rất ẩm. Mùa mưa bắt đầu từ tháng 5 đến tháng 10. Còn vào mùa khô, trời không mưa và rất khô. Mùa khô bắt đầu từ tháng 11 đến tháng 4 năm sau.

베트남 북부 지역 기후는 남부 지역 기후와 다르다.
북부 지역 기후는 4계절이 있다. 그것은 봄, 여름, 가을 그리고 겨울이다.
봄의 날씨는 화창하고 따뜻하다. 여름의 날씨는 덥고 습하다.
한국과 마찬가지로 여름에는 비가 많이 오고 태풍이 있다. 바람 또한 강하게 분다.
가을에는 날씨가 시원하고, 가벼운 바람이 있다. 가끔 구름이 많다.
겨울에는 날씨가 춥다. 베트남은 거의 눈이 내리지 않는다.
남부 지역 기후는 2계절이 있다. 그것은 우기와 건기이다.
우기에는 비가 많이 오며, 아주 습하다.
우기는 5월부터 시작하여 10월까지이다.
반면, 건기는 비가 오지 않고, 아주 건조하다.
건기는 11월부터 시작하여 다음 해 4월까지이다.

Khí hậu 기후 | **Khác với ~** ~와 다르다 | **4 mùa** 4계절 | **Mùa xuân** 봄 | **Mùa hè** 여름
Mùa thu 가을 | **Mùa đông** 겨울 | **Trời + 술어** (날씨가) ~하다 | **Cũng như + 대상** ~와 같이
Vào + 시간명사 (시간)에~ | **Bão** 태풍 | **Thổi** 불다 | **Thỉnh thoảng** 때때로 | **Mây** 구름
Mùa mưa 우기 | **Mùa khô** 건기 | **Bắt đầu** 시작하다 | **Từ~ đến~** ~부터 ~까지(상관접속사)
Năm sau 내년

Su-min	:	A-lô, Đấy là nhà Thảo, phải không?
Mẹ Thảo	:	Phải. Ai đấy?
Su-min	:	Cháu là Su-min,bạn của Thảo ạ. Thảo có ở nhà không ạ cô?
Mẹ Thảo	:	Cháu chờ một chút.

| Mẹ Thảo | : | Thảo vừa đi ra ngoài rồi. Cháu có nhắn gì không? |
| Su-min | : | Không ạ. Cháu sẽ gọi lại sau. |

—————— (2 tiếng sau) ——————

Su-min	:	A-lô. Cho tôi gặp Thảo.
Thảo	:	A-lô. Tôi nghe đây. Ai đấy?
Su-min	:	Su-min đây. Bạn đã làm bài tập xong chưa?
Thảo	:	Rồi. Còn bạn thế nào?
Su-min	:	Bạn có thể giúp mình làm bài này được không?
Thảo	:	Dĩ nhiên.
Su-min	:	Bây giờ mình sẽ đến nhà bạn nhé.
Thảo	:	Ừ.

수민	:	여보세요? 타오네 집 맞나요?
타오 엄마	:	맞아요. 누구세요?
수민	:	타오 친구 수민이에요. 타오는 집에 있어요?
타오 엄마	:	잠깐만 기다리렴.

| 타오 엄마 | : | 타오는 방금 밖에 나갔어. 메시지 남기겠니? |
| 수민 | : | 아니요. 나중에 다시 걸게요. |

—————— (2시간 후) ——————

수민	:	여보세요? 타오 바꿔주세요.
타오	:	여보세요? 저에요. 누구니?
수민	:	나 수민이야. 숙제 다 했니?
타오	:	다 했어. 너는 어때?
수민	:	나 좀 도와줄 수 있겠니?
타오	:	물론이지.
수민	:	지금 내가 너희 집으로 갈게.
타오	:	응.

A-lô 여보세요 | **Đấy** 거기 (전화상에서 상대방 쪽을 가리킴) | **~đấy?** 문장 끝 đấy는 강조 표현
Vừa + 동사 + (rồi) 방금 ~했다 (근접과거 시제) | **Nhắn** 메시지 남기다 | **Gọi lại** 다시 걸다
Cho tôi gặp + 대상 ~바꿔주세요 (전화상) | **Tôi nghe đây** 접니다 (전화상)
Làm bài tập 숙제하다 | **Làm bài** 문제 풀다 | **Giúp** 돕다 | **Dĩ nhiên** 당연하다 | **Bây giờ** 지금
~nhé ~알겠지 응? (친근감, 권유) | **Ừ** 응

09 Giao thông 교통

Học sinh :	Cho em hỏi một chút.
Sinh viên :	Em hỏi gì?
Học sinh :	Em đang tìm trung tâm ngoại ngữ EDUYA ở gần đây.
Sinh viên :	Ah, Trung tâm ấy nằm ở đối diện thư viện quốc gia.
Học sinh :	Anh giải thích cụ thể cho em được không ạ?
Sinh viên :	Em đi thẳng đường này. Đến ngã tư thứ hai, rẽ trái.
	Sau đó em sẽ thấy trung tâm ngoại ngữ ấy phía phải.
Học sinh :	Em cảm ơn anh.

학생	: 말씀 좀 묻겠습니다.
대학생	: 그래. 뭐니?
학생	: 이 근처 에듀야 어학원을 찾는 중입니다.
대학생	: 아~! 그 곳은 국립도서관 맞은편에 있어.
학생	: 구체적으로 설명해 주실 수 있으신가요?
대학생	: 이 길을 직진해라. 2번째 사거리에서 왼쪽으로 돌아라.
	그 후 오른쪽 편에 그 어학원이 보일 거야.
학생	: 감사합니다.

Cho tôi hỏi một chút 말씀 좀 여쭙겠습니다, 질문 있습니다 (관용적 표현) | **Đối diện** 맞은편
Đang + 동사 ~하는 중이다 | **Trung tâm** 중심, 센터 | **Ngoại ngữ** 외국어 | **Gần** 가까운, 근처에
Quốc gia 국가 | **Giải thích** 설명하다 | **Cụ thể** 구체적으로 | **Cho + 대상** ~(대상)에게
~ được không? ~가능할까요? | **Đi thẳng** 직진하다 | **Ngã tư** 사거리 | **Sau đó** 그 후
Rẽ trái 왼쪽으로 돌다 (좌회전하다) | **Sẽ thấy** 보일 것이다 | **Phía phải** 오른편에

Người phục vụ	: Xin mời vào. Anh chị gọi món gì ạ?
Khách 1	: Cho tôi 1 bát phở gà và 1 cốc trà đá. Còn em?
Khách 2	: Cho tôi 1 đĩa nem rán.
Người phục vụ	: Anh chị chờ một chút.

Người phục vụ	: Món ăn đây ạ.
Khách 1	: Món phở này nhạt quá nhưng cũng ngon. Nem rán thì sao?
Khách 2	: Nem rán thì hơi mặn. Em thích món ngọt hơn.
Khách 1	: Tôi thích không những món nhạt mà còn món cay nữa.

Khach 1	: Tính tiền cho tôi.

종업원	: 어서오세요. 어떤 음식 주문 하시겠습니까?
손님 1	: 닭고기 쌀국수 한 그릇 그리고 아이스티 한 잔 주세요. 너는?
손님 2	: 스프링롤 한 접시 주세요.
종업원	: 잠시만 기다려 주세요.

종업원	: 주문하신 음식 나왔습니다.
손님 1	: 이 쌀국수는 싱거워. 그렇지만 맛있어. 스프링롤은 어때?
손님 2	: 스프링롤은 약간 짜. 나는 달달한 음식을 더 좋아해.
손님 1	: 나는 싱거운 음식뿐만 아니라 매운 음식도 좋아해.

손님 1	: 계산해 주세요.

Xin mời vào 들어오세요 | **Gọi** 주문하다 | **Món** 음식 (= Món ăn) | **Cho tôi + 명사** ~주세요
1 bát phở bò 소고기 쌀국수 1그릇 | **1 cốc trà đá** 아이스티 1잔 | **1 đĩa nem rán** 스프링롤 1접시
Chờ một chút 잠시 기다리다 | **Hơi + 형용사** 약간 ~하다
Không những ~ mà còn~ ~일 뿐만 아니라 ~하기까지 하다

Vịnh Hạ Long
(Du lịch 2 ngày 1 đêm)

Giá tour trọn gói ~~2.000.000 VND / Khách~~
Giá tour khuyến mãi 1.500.000 VND / Khách (Người lớn)
1.300,000 VND / Khách (Nhóm)
800,000 VND /Khách (Trẻ em dưới 13 tuổi)

Liên hệ : Ms. Hà – 0942.468.387

Giá bao gồm : Xe du lịch, Tàu du lịch, Khách sạn 3 sao, các bữa ăn,
vé tham quan, Hướng dẫn viên, Bảo hiểm
Giá không bao gồm : Thuế VAT, Các chi phí ngoài chương trình

하롱베이
(1박2일 여행)

패키기 가격 ~~200만 동/ 1명~~
할인 패키지 가격 150만 동 / 1명 (성인)
130만 동 / 1명 (단체)
80만 동 / 1명 (13세 이하 어린이)

연락 : Ms. 하 – 0942.468.387

포　함 : 관광 차, 관광 배, 3성급 호텔, 식사, 관람티켓, 가이드, 보험
불포함 : 부가가치세, 프로그램 이외 비용

---

2 ngày 1 đêm 1박 2일 | **Trọn gói** 패키지 | **Khuyến mãi** 서비스 | **Người lớn** 어른
Nhóm 단체 | **Trẻ em** 어린이 | **Bao gồm** 포함하다 | **Khách sạn 3 sao** 3성급 호텔
Bữa ăn 식사 | **Tham quan** 참관하다 | **Hướng dẫn viên** 안내원 | **Bảo hiểm** 보험
Thuế 세금 | **Chi phí** 비용 | **Chương trình** 프로그램

Người bán hàng	:	Chị cần gì ạ?
Khách	:	Tôi muốn mua 1 đôi giày.
Người bán hàng	:	Chiếc giày kia thế nào?
Khác	:	Đẹp qúa. Nhưng có màu đỏ không ạ?
Người bán hàng	:	Có. Cỡ bao nhiêu hả?
Khách	:	Cỡ 38 ạ.

Người bán hàng	:	Giày đây. Anh đi thử xem.
Khách	:	Cả cỡ vừa với tôi và màu cũng hợp với tôi nhỉ. Bao nhiêu tiền ạ?
Người bán hàng	:	220,000 đồng.
Khách	:	Đắt quá. Bớt một chút đi. 200,000đồng được không?
Người bán hàng	:	Thôi được.
Khách	:	Nếu muốn đổi sang chiếc khác thì làm thế nào?
Người bán hàng	:	Không đổi được ạ.

판매원	:	필요한 게 있으세요?
손님	:	저는 신발 한 켤레 사고 싶습니다.
판매원	:	저 신발 어떠세요?
손님	:	예뻐요. 그런데 빨간색 있나요?
판매원	:	있습니다. 사이즈가 어떻게 되세요?
손님	:	저는 38입니다.

판매원	:	여기 있습니다. 신어 보세요.
손님	:	치수가 잘 맞고, 색깔 역시 맞네요. 얼마예요?
판매원	:	22만 동 입니다.
손님	:	비싸네요. 좀 깎아 주세요. 20만 동 가능해요?
판매원	:	네 가능합니다.
손님	:	만약에 다른 것으로 교환하고 싶으면 어떻게 하나요?
판매원	:	교환은 안 됩니다.

Cần 필요하다 | **1 đôi giày** 신발 1켤레 | **~thế nào ?** 어때요? 어떻게?
Có + 명사 + không? ~있습니까? | **Màu đỏ** 빨간색 | **Cỡ** 치수 | **Bớt** 빼다 (흥정)
동사 + thử + xem 시험 삼아 ~해 보다 | **Vừa với + 대상** ~에게 치수가 알맞다
Hợp với + 대상 ~에게 색깔, 스타일이 어울리다 | **Bao nhiêu tiền ?** 얼마예요? (가격을 묻는 표현)
Nếu~ thì~ 만약에 ~하면 ~하다 (상관접속사) | **Không + 동사 + được** ~못하다

13 Bệnh viện 병원

Bác sĩ	: Em bị làm sao?
Bệnh nhân	: Em bị đau đầu.
Bác sĩ	: Em bị đau đầu từ bao giờ?
Bệnh nhân	: Từ hôm qua ạ.
Bác sĩ	: Để tôi khám.

| Bác sĩ | : Em uống thuốc trong 3 ngày và nên nghỉ ở nhà. |
| Bệnh nhân | : Em cảm ơn ạ. |

의사	: 어디가 안 좋니?
환자	: 머리가 아프네요.
의사	: 언제부터 아팠니?
환자	: 어제부터 아팠어요.
의사	: 내가 진찰할게.

| 의사 | : 3일 동안 약을 먹고 집에서 쉬는 게 좋겠구나. |
| 환자 | : 감사합니다. |

bị làm sao? 왜 그래? (상대방 상태가 안 좋아 보일 때) = Bị sao? = Làm sao?
bị đau + 신체부위 (신체부위)가 아프다
Để + 대상 + 동사 ○○이 ~하게 두다 → ○○이 ~할게요
Trong +기간 (기간) 동안 | **Nên + 동사** ~하는 편이 낫다

Nhân viên	: Xin mời. Anh cần gì ạ?
Khách	: Tôi muốn làm thẻ rút tiền ạ.
Nhân viên	: Anh điền vào giấy tờ này mới được ạ.
Khách	: Ghi xong rồi ạ.
Nhân viên	: Anh dùng thẻ này xem.
Khách	: Dạ.

직원	: 어서 오세요. 뭐가 필요하세요?
손님	: 저는 현금 인출 카드를 만들고 싶어요.
직원	: 이 서류에 기입해야 비로소 가능해요.
손님	: 작성 끝냈어요.
직원	: 이 카드를 사용해 보세요.
손님	: 네.

Xin mời (손님을 맞이할 때) 어서 오세요 | **Làm thẻ** 카드를 만들다

Rút tiền 돈을 인출하다 | **Điền vào~** ~에 기입하다 | **~mới được** ~해야 비로소 가능하다

동사 + xong ~를 마치다 | **Dùng** 사용하다 (= sử dụng) | **~xem** ~해 봐

Nhân viên	:	Em gửi bưu phẩm này trong nước hay quốc tế?
Kook-jin	:	Em gửi cái này quốc tế ạ.
Nhân viên	:	Trong này có gì mà nặng thế?
Kook-jin	:	Dạ, cà phê G7 nổi tiếng ạ. Bao nhiêu tiền ạ chị?
Nhân viên	:	Để chị xem. Tất cả 86,000 đồng em ạ.
Kook-jin	:	Tiền đây ạ.

직원	:	너는 이 소포 국내로 보내니 국제로 보내니?
국진	:	저는 국제로 이것을 보내요.
직원	:	이 안에 뭐가 있길래 그렇게 무거워?
국진	:	네, 유명한 G7 커피예요. 얼마예요?
직원	:	내가 볼게. 전부 86,000동이야.
국진	:	돈 여기요.

 A hay B ? A 아니면 B? (선택의문문) | **Trong nước** 국내 | **Quốc tế** 국제
~mà ~thế ~길래 그렇게 ~해요? | **Nổi tiếng** 유명한

Nhân viên	: Em tìm sách gì?
Bora	: Tôi muốn xem tạp chí văn hoá Việt Nam ạ.
Nhân viên	: Thế à? Nhưng một người vừa mượn hết rồi.
Bora	: Tiếc quá! Tôi cần xem mà… Chị có biết bao giờ nó trả tạp chí không?
Nhân viên	: Có lẽ thứ sáu tuần sau vậy.
Bora	: Thế thì, tôi sẽ mượn tạp chí khác ạ.

직원	: 너 무슨 책을 찾니?
보라	: 저는 베트남 문화 잡지를 보고 싶어요.
직원	: 그래? 그런데 한 사람이 방금 다 빌려갔어.
보라	: 아쉽네요! 저는 볼 필요가 있는데요… 언제 그가 잡지를 되돌려 주는지 아세요?
직원	: 아마도 다음주 금요일이지.
보라	: 그렇다면, 저는 다른 잡지를 빌릴게요.

Tìm 찾다 | **동사 + hết** 남김없이 ~하다 | **Tiếc** 후회스러운, 유감인

~mà (문장 끝 mà) ~인데요. ~인걸요 (강조)

주어 + có + biết + 의문형 + không ? ~을 압니까? | **Có lẽ** 아마도

17 Thăm, Chúc, Mời 방문, 축하, 초대

Trung	: Hôm nay là ngày gì mà bạn mặc áo đẹp thế này?
Mina	: Thật ra, hôm nay là sinh nhật của mình đấy!
Trung	: Thế à? Chúc mừng sinh nhật bạn.
Minh	: Cảm ơn bạn. Tối nay mình sẽ mở tiệc sinh nhật ở nhà.
	Nhân dịp sinh nhật, mình muốn mời các bạn cùng lớp
	đến.
Trung	: Hay quá. Mình sẽ chuẩn bị bánh ngọt và hoa nhé.

쭝	: 오늘 무슨 날이길래 너 이렇게 예쁘게 옷을 입었어?
미나	: 사실, 오늘은 내 생일이야!
쭝	: 그래? 생일 축하해.
미나	: 고마워. 오늘 저녁 나는 집에서 생일 파티를 열 거야.
	생일을 맞이해서, 나는 같은 반 친구들이 오게 초대하고 싶어.
쭝	: 좋아. 내가 케이크와 꽃을 준비할게.

~mà ~thế ~길래 이렇게/그렇게 ~해요? | **Thật ra** 사실은 | **~đấy** 문장 끝 đấy는 강조
Chúc mừng~ ~를 축하하다 | **Tối nay** Buổi tối(저녁) + Hôm nay(오늘)의 결합
Nhân dịp + 명사 ~인 김에, ~를 맞이하여 | **Mời** 초대하다
Các bạn cùng lớp 같은 반 친구들

18 Nghề nghiệp mong muốn, Ngày lễ, Hỏi thăm
장래희망, 명절, 안부

Sinh viên	: Chúc mừng năm mới cô ạ!
Giáo sư	: Ừ, chúc mừng năm mới em!
Sinh viên	: Cô đã ăn bánh chưng chưa ạ?
Giáo sư	: Tí nữa, cô sẽ ăn. Còn vào năm mới em có kế hoạch gì không?
Sinh viên	: Em sẽ cố gắng trở thành luật sư ạ.
Giáo sư	: Cô rất mong em làm việc ấy. Chúc em thi tốt nhé.
Sinh viên	: Em cảm ơn cô ạ. Cho em gửi lời hỏi thăm sức khỏe gia đình cô ạ.

대학생	: 새해 복 많이 받으세요 교수님!
교수	: 그래. 새해 복 많이 받으렴.
대학생	: 교수님 바인 쯩 드셨어요?
교수	: 잠시 후에, 먹을 거야. 그런데 새해에 너는 무슨 계획이 있니?
대학생	: 저는 변호사가 되게 노력할 거예요.
교수	: 나는 네가 그 일을 하기를 매우 바란다. 시험 잘 보렴.
대학생	: 감사합니다, 교수님. 교수님 가족에게 안부 전해 주세요.

Chúc mừng năm mới 관용적 표현으로 새해에 하는 인사 (영어의 Happy New Year 표현)

주어 + đã + 동사 + chưa? ~했습니까? (과거 여부 물어보는 표현)

Bánh chưng 바인 쯩 (설날에 먹는 베트남 전통 떡)

주어 + có + 명사 + (의문형) + không? ~하는 것이 있습니까? | **Trở thành + 명사** ~가 되다

Cho tôi gửi lời hỏi thăm~ ~에게 안부 전해 주세요 (관용적 표현)

Nhà cho người nước ngoài thuê

Nhà nằm ở phố Quốc Tử Giám.
Diện tích 38m2.
Nhà 3 tầng, có TV, tủ lạnh, điện thoại…
Điện nước tốt, có sân rộng, có gara ô tô.
Giá 300 USD/tháng
Liên hệ : Ms. Huyền Tel. 9841282

외국인에게 임대

꾸옥 뜨 잠 거리에 위치한 집
면적 38m2
3층집, TV, 냉장고, 전화기… 있음
전기, 수도 좋음, 넓은 베란다 있음, 차고 있음
가격 300달러 / 월
연락 : 미스 후이엔 전화 9841282

Cho + 대상 + 동사 대상이 ～하게 하다 | **Nằm** 위치하다, 눕다 | **Diện tích** 면적
3 tầng 3층 건물 (숫자 + 단위 = 전체 숫자의 양을 의미) | **Gara** 차고

연습문제

1 다음 밑줄 친 문자와 발음이 같은 문자를 보기에서 골라 써 보세요.

Gh, R, K, Ch, Ngh, Gi, Q

(1) <u>C</u>ủa   (   )

(2) <u>D</u>ương   (   )

(3) <u>Ng</u>ủ   (   )

(4) <u>G</u>ắng   (   )

(5) <u>Tr</u>à   (   )

2 다음 밑줄 친 부분에 들어갈 문자로 옳지 <u>않은</u> 것은?

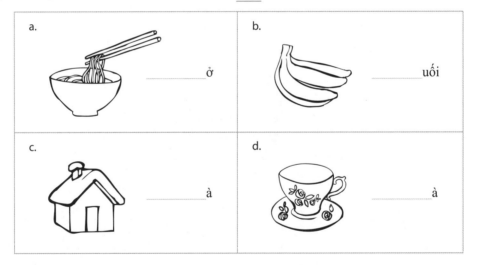

a. _____ ở

b. _____ uối

c. _____ à

d. _____ à

① Nh

② Ph

③ Ch

④ Tr

⑤ Gh

3 다음 밑줄 친 호칭이 서로 어색한 것은?

① A : Chào chị

　B : Chào em

② A : Chào mẹ

　B : Chào con

③ A : Chào cháu

　B : Chào cô

④ A : Chào cô

　B : Chào em

⑤ A : Chào ông

　B : Chào bạn

4 보기의 낱말들과 가장 관계가 깊은 것은?

───〈 보 기 〉───

Tắc đường　　Giao thông　　Thỏa thuận　　Đi nhanh

① Áo dày

② Trường học

③ Du lịch

④ Xe máy

⑤ Thư viện

5 보기의 밑줄 친 두 낱말의 의미 관계와 같은 것은?

───〈 보 기 〉───

Quả cam này rẻ

Quả xoài này đắt

① Yếu – Gầy

② Ngon – Ngọt

③ Đẹp – Tốt

④ Trên – Dưới

⑤ Tuyết – Lạnh

1 문장의 표현이 옳지 <u>않은</u> 것은?

① Bạn là sinh viên à?
② Bạn là sinh viên phải không?
③ Bạn là sinh viên có phải không?
④ Có phải bạn là sinh viên không?
⑤ Bạn là sinh viên không?

2 보기의 밑줄 친 부분의 쓰임과 같은 것은?

─── ⟨ 보 기 ⟩ ───

Xin <u>cho</u> tôi gặp chị Trang ạ.

① Bố mẹ <u>cho</u> tiền.
② Anh ấy tặng hoa <u>cho</u> tôi.
③ Chúng tôi thăm dự <u>cho</u> vui.
④ Làm ơn <u>cho</u> tôi hỏi một chút.
⑤ Tôi sẽ mua <u>cho</u>.

3 밑줄 친 부분의 쓰임이 옳은 것만을 있는 대로 고른 것은?

a. Cho em 1 <u>cốc</u> sữa nóng
b. <u>Con</u> dao này không tốt.
c. Tôi muốn mua 1 <u>quyển</u> sách này.
d. <u>Chiếc</u> mèo anh tặng

① a, c
② a, b, c
③ b, d
④ a, c, d
⑤ a, b, c

4 다음 빈 칸에 들어갈 단어를 알맞게 고른 것은?

_____ A _____ học tiếng Việt _____ B _____ thú vị.

       A   B

① Nếu   thì

② Vừa   vừa

③ Càng   càng

④ Không phải là   mà là

⑤ Vì   nên

5 다음 빈 칸에 들어갈 말을 알맞게 고른 것은?

A : Bạn sắp bắt đầu nghỉ hè _____ a _____ ?
B : _____ b _____ Mình đang nghỉ mát ở Nha Trang lâu rồi mà.
A : Thế à? Nhanh thế.
B : Bạn có đi _____ c _____ không?
A : Không. Mình chỉ ở nhà _____ d _____ .

	a	b	c	d
①	không	có	học	chỉ
②	rồi	thôi	có	đã
③	phải	chưa	rồi	ở
④	chưa	rồi	đâu	thôi
⑤	chưa	chưa	Nha trang	rồi

1 빈 칸에 들어갈 말로 알맞은 것은?

> **Huệ** : Tối mai bạn có thời gian không?
>
> **Nam** : Có. Sao bạn?
>
> **Huệ** : Vì _____
>
> **Nam** : Thế à? Mấy giờ gặp ở đâu?

① mình cần về nhà.

② mình thích bạn mà.

③ mình có hẹn khác rồi.

④ mình muốn mời bạn ăn tối.

⑤ mình đi cùng nhé.

2 빈 칸에 들어 말을 〈보기〉에서 찾아 순서대로 바르게 배열한 것은?

> **Nhân viên** : A lô. Nhà hàng Phở 24 xin nghe.
>
> **Yeo-jung** : Tôi muốn đặt bàn ạ.
>
> **Nhân viên** : Chị đặt bàn vào ngày nào ạ?
>
> **Yeo-jung** : _____
>
> **Nhân viên** : Lúc mấy giờ?
>
> **Yeo-jung** : _____
>
> **Nhân viên** : _____
>
> **Yeo-jung** : Có 3 người ạ.
>
> **Nhân viên** : Đặt được rồi ạ. Cảm ơn chị.

―― 〈 보 기 〉 ――

a. Tôi đi lúc 7 giờ rưỡi ạ.

b. Tôi cần đặt bàn tối nay.

c. Chị có mấy người?

① a – b – c ② b – a – c ③ a – c – b

④ c – a – b ⑤ b – c – a

3 빈 칸에 들어갈 말로 알맞은 것은?

> A : Khi đến trường, bạn đi bằng gì?
>
> B : _____

① Món này ngon thật!   ② Từ nhà đến trường gần thôi.

③ Người Việt Nam thích đi xe máy.   ④ Mình sẽ gọi lại sau.

⑤ Mình thường dùng xe đạp.

4 빈 칸에 들어갈 말로 알맞은 것은?

> A : Bây giờ mình đi xem phim.
>
> B : Cậu xem phim gì vậy?
>
> A : Mình đi xem phim Hàn Quốc.
>
> B : _____

① Phim sắp bắt đầu.   ② Mấy giờ đi?

③ Chúng mình không cần xem.   ④ Mình thì không thích xem.

⑤ Mình cũng thích xem phim Hàn Quốc đấy.

5 빈 칸에 들어갈 말로 알맞지 <u>않은</u> 것은?

> A : Một cân cam bao nhiêu tiền?
>
> B : 200,000đồng 1 cân.
>
> A : Sao đắt thế! _____
>
> B : Em mua nhiều thì anh sẽ bớt cho em.

① Anh bớt một chút đi!   ② Anh giảm giá cho em được không?

③ Hàng mới về rồi.   ④ Anh bớt giá cho em.

⑤ Em không đủ tiền.

1 글의 내용과 일치하지 <u>않는</u> 것은?

> Đây là gia đình của tôi.
>
> Đây là bố tôi. Bố tôi là bác sĩ.
>
> Còn đây là mẹ tôi. Mẹ tôi làm việc ở bưu điện.
>
> Đây là chị gái của tôi. Chị ấy là sinh viên năm thứ tư.
>
> Còn đây là em trai tôi. Em ấy là học sinh lớp năm.

① 우리 가족은 5명이다.
② 나의 아버지는 의사이다.
③ 나의 어머니는 우체국에서 일하신다.
④ 나의 누나는 대학교 4학년이다.
⑤ 나의 여동생은 5학년이다.

2 글의 내용과 일치하지 <u>않는</u> 것은?

> Tôi thức dậy khoảng sáu giờ sáng. Sáu giờ rưỡi, tôi đi làm. Buổi sáng, tôi vừa uống cà phê vừa đọc báo ở văn phòng. Lúc mười hai giờ trưa, tôi đi ăn cơm. Sau khi làm xong, tôi hay đi bơi.Tôi về nhà khoảng tám giờ kém mười.

① 나는 8시 10분에 귀가한다.
② 나는 아침 6시 30분에 일하러 간다.
③ 나는 아침에 커피를 마시면서 신문을 읽는다.
④ 퇴근 후, 나는 자주 수영을 하러 간다.
⑤ 나는 대략 아침 6시에 일어난다.

3 글의 내용과 일치하는 것은?

> Miền Bắc Việt Nam có bốn mùa. Vào mùa hè, miền Bắc Việt Nam trời rất nóng và ẩm. Còn miền Nam Việt Nam có hai mùa. Vào mùa mưa, ngày nào cũng có mưa. Tôi thích mùa mưa ở miền Nam Việt Nam vì sau khi tạnh mưa, trời mát.

① 베트남 북부지역 여름은 비가 오지 않는다.

② 베트남 남부지역 건기는 덥다.

③ 베트남 남부지역 우기는 따뜻하다.

④ 베트남 북부지역은 2계절이 있다.

⑤ 베트남 남부지역에서 비가 그친 후에는 시원하다.

4 글의 내용으로 보아 알 수 <u>없는</u> 것은?

Long	: Bora ơi, em đang đi đâu?
Bora	: À, chào anh Long. Em đang đi bưu điện.
Long	: Em đi bưu điện để gửi bưu phẩm à?
Bora	: Không ạ. Em đi bưu điện để gửi thư cho bố mẹ ở Busan ạ.
Long	: Em gửi email được mà.
Bora	: Dạ. Nhưng bố mẹ của em thích hơn nhận thư của em ạ.

① 롱과 보라는 친구 관계가 아니다.

② 보라는 편지를 보내러 우체국에 간다.

③ 보라의 부모님은 부산에 산다.

④ 보라의 부모님은 이메일을 사용하지 않는다.

⑤ 보라의 부모님은 편지 받는 것을 더 좋아한다.

5 다음 내용으로 알 수 있는 것은?

Tên người gửi
Kook jin
Di động : 091.234.5678

Tên người nhận
Hoa
Điện thoại : 04.7654.321
Số 136, Đường Xuân Thủy,Quận Cầu Giấy,Hà Nội,Việt Nam

① Ngày viết thư ② Ngày nhận thư ③ Địa chỉ người nhận

④ Địa chỉ người gửi ⑤ Số điện thoại di động của người nhận

연습문제 **정답 및 해설**

개념 어휘

정답

1 (1) K, Q　　(2) R, Gi　　(3) Ngh　　(4) Gh　　(5) Ch

2 ⑤　　**3** ⑤　　**4** ④　　**5** ④

해설　**1**　Gh ㄱ, R ㅈ, K ㄲ, Ch ㅉ, Ngh 응, Gi ㅈ, Q ㄲ

(1) C̲ùa /꾸어/
(2) D̲ương /즈엉/
(3) N̲gù /응우/
(4) G̲ắng /강/
(5) T̲rà /짜/

2　a. P̲hở　b. C̲huối　c. N̲hà　d. T̲rà

3　① A : 안녕, 언니(누나).
　　　B : 안녕, 동생.
② A : 안녕하세요, 엄마.
　　 B : 안녕, 얘야(자녀).
③ A : 안녕, 얘야(조카).
　　 B : 안녕하세요, 고모.
④ A : 안녕하세요, (여)선생님.
　　 B : 안녕, 얘야(학생).
⑤ A : 안녕하세요, 할아버지.
　　 B : 안녕, 친구.

4　Tắc đường – 길이 막히다　　　Giao thông – 교통
　　Thỏa thuận – 편리한　　　　Đi nhanh – 빨리 가다

① 아오자이　　　　② 학교
③ 여행하다　　　　④ 오토바이
⑤ 도서관

5 이 오렌지는 싸다.
이 망고는 비싸다.

① 약한 – 마른
② 맛있는 – 달달한
③ 아름다운 – 좋은
④ 위 – 아래
⑤ 눈 – 추운

필수 문법

정답

1 ⑤	2 ④	3 ②	4 ③	5 ④

해설

1
① 너는 학생이야? (약간의 놀람)
② 너는 학생이니?
③ 너는 학생이니?
④ 너는 학생이니?
⑤ 틀린 문장이다. Là(~이다) 동사는 không으로만 묻지 않는다.

2 짱(언니, 누나) 바꿔주세요.

→ tôi gặp~ : 'Cho + 대상 + 동사' 형태는 '대상이 ~하게 하다'라는 의미이다. 즉, 보기 문장은 '내가 짱(언니, 누나) 만나게 해주세요' = '짱 바꿔주세요'와 같은 의미로 전화상에서만 쓰는 표현이다. 문장 앞 Xin은 격식 있는 표현으로, 해석에 영향을 미치지 않는다. 문장 끝 ạ는 존칭이다.

① 부모님이 돈을 주신다. * Cho : '주다' 의미의 동사 용법
② 그는 나에게 꽃을 선물한다. * Cho + 대상 : ~(대상)에게
③ 우리는 기쁘게 참석한다. * Cho + 형용사 : ~(형용사)하게
④ 말씀 좀 여쭙겠습니다. * Cho + 대상 + 동사 : 대상이 ~하게 하다 → 내가 묻게 하다 → 질문 있습니다, 말씀 좀 여쭙겠습니다 (관용적인 표현)
⑤ 내가 사 줄게. * 동사 + cho : ~해 주다

3
a. 따듯한 우유 한 잔 주세요.

b. 이 칼은 좋지 않아요.

c. 나는 이 책 한 권을 사고 싶어요.

d. 당신이 선물한 고양이

a. Cốc 컵, 잔 (단위)

b. Con은 생물에 쓰는 종별사이나 예외적으로 Dao(칼)에는 Con이 사용된다.

c. Quyển 권 (책 종류에 쓰는 종별사)

d. Chiếc 사물, 개체에 쓰는 종별사이나 Mèo는 고양이이므로 Con을 사용해야 한다.

4
_____A_____ 베트남어 공부하다 _____B_____ 재미있다.

	A	B
①	만약	~하면
②	~하기도 하고	~하기도 하다
③	~하면 할수록	~하다
④	~가 아니라	~이다
⑤	~하기 때문에	그래서 ~이다

5
A : 너 곧 여름방학 시작 _____a_____ ?

B : _____b_____ 나는 냐짱에서 휴가 보내고 있는지 오래됐는데.

A : 그래 ? 빠르네!

B : 너는 _____c_____ 가는 거 있니?

A : 아니, 나는 단지 집에서 쉴 _____d_____.

	a	b	c	d
①	일반의문형	일반의문형(대답)	공부하다	단지
②	이미 완료	~뿐이다 있다	있다	~했다
③	~해야 한다	아직 아니다	이미 완료	~에서
④	~했니?	이미 완료	어디	~일 뿐이다
⑤	~했니?	아직 아니다	냐짱	이미 완료

a. Sắp ~ chưa? : 곧 ~하니? (근접미래 시제 사용 의문문)

b. Rồi : 응 (Chưa로 질문했을 때 이미 완료 했다는 긍정 대답)

c. Đâu : 어디 (Có + 의문사 + không? : ~하는 거 있니?)

d. Chỉ ~ thôi : 단지 ~일 뿐이야 (상관접속사)

핵심 문장

정답

1 ④	2 ②	3 ⑤	4 ⑤	5 ③

해설

1

> 후에 : 내일 저녁 너 시간 있어?
> 남　 : 있어. 왜?
> 후에 : 왜냐하면 ＿＿＿＿＿＿＿ 때문이야.
> 남　 : 그래? 몇 시에 어디에서 만나?

① 나는 집에 갈 필요가 있어.
② 나는 너 좋아하잖아.
③ 나는 다른 약속이 있어.
④ 나는 저녁식사에 너를 초대하고 싶어.
⑤ 나는 같이 가자.

2

> 직원 : 여보세요. 쌀국수 24입니다.
> 여정 : 저는 테이블을 예약하고 싶어요.
> 직원 : 언제 예약하시나요?
> 여정 : ＿＿＿＿＿＿＿＿.
> 직원 : 몇 시에요?
> 여정 : ＿＿＿＿＿＿＿＿.
> 직원 : ＿＿＿＿＿＿＿＿.
> 여정 : 3명이에요.
> 직원 : 예약 가능합니다. 감사합니다.

───────────── 보기 ─────────────

a. 저는 7시 반에 갑니다.
b. 저는 오늘 저녁에 테이블 예약이 필요해요.
c. 몇 명이세요?

3

> A : 학교 갈 때, 너는 뭐 타고 가니?
> B : ＿＿＿＿＿＿＿＿.

① 이 음식은 정말 맛있어!
② 집에서 학교까지 가까울 뿐이야.
③ 베트남 사람은 오토바이로 가는 것을 좋아해.
④ 나는 나중에 다시 걸게.
⑤ 나는 보통 자전거를 이용해.

4

> A : 지금 나는 영화 보러 가.
> B : 너는 무슨 영화 봐?
> A : 나는 한국 영화 보러 가.
> B : _____.
> A : 그래, 우리 같이 가자!

① 영화 곧 시작해.
② 몇 시에 가?
③ 우리는 볼 필요 없어.
④ 나는 보는 것을 좋아하지 않아.
⑤ 나도 역시 한국 영화 보는 거 좋아해.

5

> A : 오렌지 1킬로그램 얼마예요?
> B : 1킬로그램에 20만 동이야.
> A : 왜 그렇게 비싸요! _____.
> B : 너 많이 사면 내가 너에게 빼 줄게.

① 좀 빼 줘요!
② 깎아 줄 수 있어요?
③ 물건이 막 돌아왔다. → 신상입고
④ 가격 빼 주세요.
⑤ 돈이 충분하지 않아요.

Final 실전 상황 독해

정답

1 ⑤	2 ①	3 ⑤	4 ④	5 ③

해설

1

> 여기는 나의 가족이에요.
> 이 사람은 나의 아버지예요. 나의 아버지는 의사예요.
> 반면 이 사람은 나의 어머니예요. 나의 어머니는 우체국에서 일해요.
> 이 사람은 나의 언니(누나)예요. 그녀는 대학교 4학년이에요.
> 반면 이 사람은 나의 남동생이에요. 걔는 5학년이에요.

→ ⑤ 여동생에 대한 내용은 없다.

2 나는 아침 6시에 일어나요. 6시 반, 나는 일하러 가요. 아침에, 나는 사무실에서 커피를 마시며, 신문을 읽어요. 점심 12시에 나는 밥을 먹으러 가요. 일이 끝난 후, 나는 자주 수영하러 가요. 나는 대략 8시 10분 전에 귀가해요.

→ Tám giờ kém mười : 8시 10분 전

3 베트남 북부지역은 4계절이 있다. 여름에, 베트남 북부지역은 아주 덥고 습하다. 반면, 베트남 남부지역은 2계절이 있다. 우기에, 어느 날이든지 비가 온다. 비가 그친 후, 시원하기 때문에, 나는 베트남 남부지역의 우기를 좋아한다.

→ Sau khi : ~한 이후에
　 Tạnh mưa : 비가 그치다
　 Trời mát : 시원하다

4 롱　 : 보라야, 너 어디가?
　 보라 : 아, 안녕하세요 롱(오빠). 저는 우체국 가는 중이에요.
　 롱　 : 너 소포 보내러 우체국 가니?
　 보라 : 아니요. 저는 부산에 계신 부모님에게 편지 보내러 우체국 가요.
　 롱　 : 너 이메일 보낼 수 있잖아.
　 보라 : 네. 하지만 제 부모님은 저의 편지 받는 것을 더 좋아하세요.

→ ④ 보라의 부모님이 이메일을 사용하지 않는다는 내용은 없다.

5 보내는 사람 이름
국진
이동전화 : 091.234.5678

받는 사람 이름
호아
전화 : 04.7654.321
베트남, 하노이, 꺼우저이군, 쑤언투이길, 136번지

① 편지 쓴 날짜
② 편지 받은 날짜
③ 받는 사람 주소 → 정확하게 나와있다.
④ 받는 사람 이동전화 번호
⑤ 보내는 사람 주소

Memo

Memo

Memo

Memo

Memo